Jochen Ludwig

Landschaften
Menschen
33 Häuser

Unterwegs zum eigenen Heim

W0171290

Für Corinna

Das Buch wurde gedruckt mit freundlicher Unterstützung von:

© 2020. Rombach Verlag KG, Freiburg i.Br./Berlin/Wien
1. Auflage. Alle Rechte vorbehalten
Bildnachweis: Alle Bilder im Buch © Jochen Ludwig
Umschlag und Satz: Bärbel Engler
Herstellung: Rombach Druck- und Verlagshaus GmbH &Co. KG,
Freiburg i.Br.
Printed in Germany
ISBN 978-3-7930-5195-4

Jochen Ludwig

Landschaften
Menschen
33 Häuser

Unterwegs zum eigenen Heim

 rombach verlag

INHALT

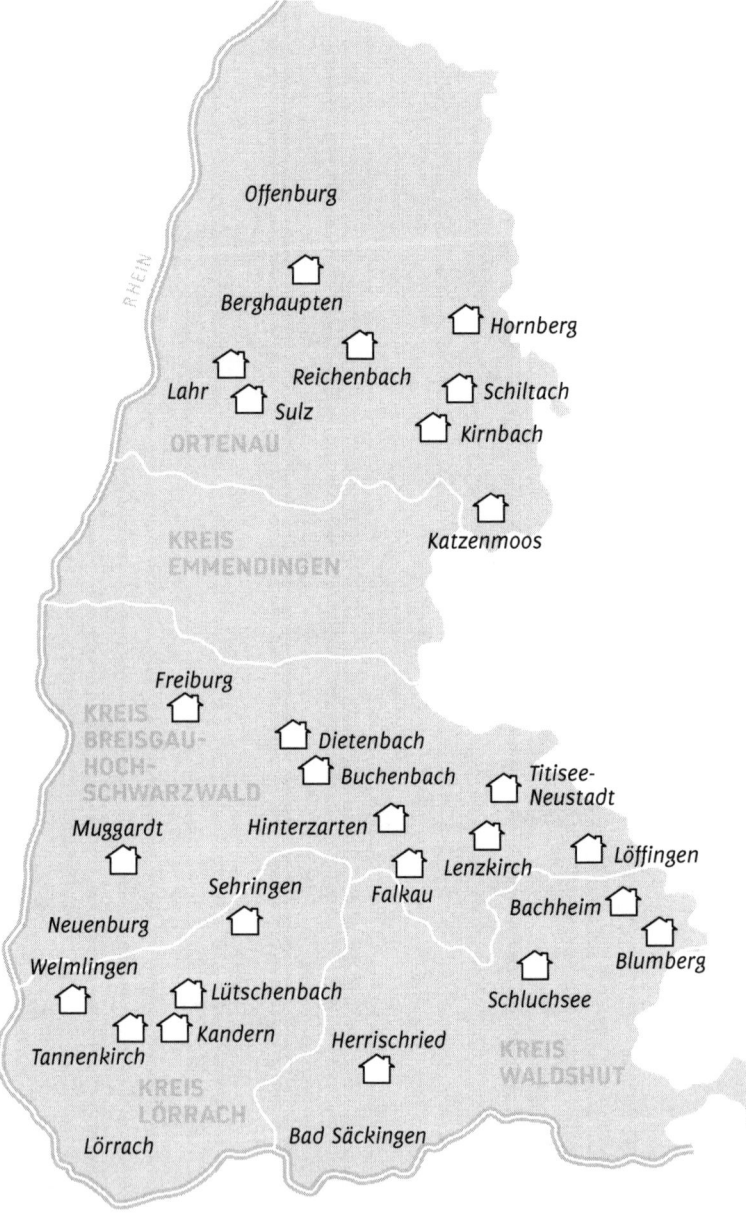

Offenburg

Berghaupten

Hornberg

Lahr

Reichenbach

Schiltach

Sulz

Kirnbach

ORTENAU

Katzenmoos

KREIS
EMMENDINGEN

Freiburg

KREIS
BREISGAU-
HOCH-
SCHWARZWALD

Dietenbach

Buchenbach

Titisee-
Neustadt

Hinterzarten

Löffingen

Muggardt

Lenzkirch

Sehringen

Falkau

Bachheim

Neuenburg

Blumberg

Welmlingen

Lütschenbach

Schluchsee

Tannenkirch

Kandern

Herrischried

KREIS
WALDSHUT

KREIS
LÖRRACH

Lörrach

Bad Säckingen

RHEIN

DA MUSS SICH WAS ÄNDERN

»Dann können wir direkt vor Eurer Wohnung übernachten. Und zum Frühstück kommen wir einfach rein.« Barbara klang total begeistert. »Und eine Dusche mit Klo hat es auch.« Das war die Stimme von Jakob, der seiner Mutter aus dem Hintergrund assistierte. Irgendwie gelang es mir, das Telefongespräch einigermaßen gefasst zu beenden. Wir wussten ja, dass die älteste unserer drei Töchter immer für Überraschungen gut war, dieser Anruf aber machte uns sprachlos. Und stürzte Corinna und mich in einen finalen Gefühlskonflikt. Final deshalb, weil uns mit dieser Ankündigung schlagartig bewusst wurde, dass wir etwas ändern mussten. Denn bei aller Liebe und familiären Toleranz – Barbara mit Mann und drei kleinen Kindern im Wohnmobil schlafend unmittelbar vor dem Mehrfamilienhaus, eingeklemmt zwischen den Stellplätzen unserer Mitbewohner, mein Arbeitszimmerfenster vor der Nase und die Mülleimer gerade mal drei Meter von der eingebauten Nasszelle im Heck des Wagens entfernt: Das konnten wir uns einfach nicht vorstellen.
»Das geht nicht.« Hier half nur ein verbales Stoppsignal. »Was sollen denn unsere Nachbarn denken, wenn bei Euch da draußen frühmorgens die Post abgeht. Oder vielleicht sogar mitten in der Nacht, wenn eins der Kinder einen Albtraum hat und schreiend aufwacht. Wir sind doch kein Campingplatz.«
Apropos Arbeitszimmerfenster. Wenn wir Besuch bekamen, wurde mein Arbeitszimmer zum Gästezimmer. Zwischen Schreibtisch und Liege war gerade noch Platz für eine Matratze am Boden, die in den ersten Jahren dem jeweiligen Schwiegersohn, später dann dem jeweiligen Schwiegersohn und dem jeweiligen

ersten Baby als Schlafplatz diente. Als dann die nächsten Enkelkinder kamen, wurde das Matratzenlager in den Wohn- und Essraum erweitert, dessen rund fünfunddreißig Quadratmeter Corinna und mich beim Kauf noch an loftartige Dimensionen erinnert hatte, nun aber immer mehr zur Schlaf- und Spielhöhle für die lieben Kleinen mutierte.

Oder sollte man besser Spielhölle sagen? Manchmal kam es uns fast so vor. Vor allem, wenn alle drei Familien gleichzeitig zu Besuch waren, vorzugsweise über irgendwelche Feiertage, es nicht etwa schneite, sondern regnete und Puzzles, Bauklötzchen und Minibagger unseren Fußboden zu einem für uns Erwachsene weihnachtlich kontaminierten Gelände machten. Klar, Fest der Familie. Doch klar war auch: In dieser unserer Wohnung hatte das keine Zukunft.

BLICK ZURÜCK

Wie schön hatten wir uns das 14 Jahre zuvor ausgemalt! Ein neues Heim nur noch für uns beide. Unsere Töchter, Barbara, Theresa und Miriam, alle aus dem Haus, noch im Studium oder schon im Beruf, jedenfalls auf eigenen Füßen. Dass dann irgendwann auch eigene Familien hinzukommen würden – das war ja noch so weit weg. Und schmälerte unsere Freude über diesen Schritt hin zum Eigentum in keiner Weise.

Bis dahin hatten wir immer zur Miete gewohnt. Zunächst in einem alten Haus mit riesigem Garten auf dem Land nördlich von Freiburg, dann, als die Tanzstundenzeit begann, in einer Altbauwohnung in der Wiehre, Freiburgs gründerzeitlichem Wunschquartier für alle, die auf keinen Fall in einem Neubauviertel leben wollten. Als dann aber alle drei Töchter ausgezogen waren, ergab sich eine völlig neue Situation. Abgesehen von der nun für zwei Personen unverhältnismäßig hohen Mietbelastung stellte sich zum ersten Mal eine ganz grundsätzliche Frage: Wie, wo und vor allem wann wollten wir uns auf den neuen Lebensabschnitt einrichten. Wohneigentum als Altersvorsorge. Ob in den Nachrichten, der Zeitung oder entsprechenden Magazinen, dieses Motto sprang uns geradezu an. Und ließ uns nicht mehr los. Wir begannen zu suchen. Und auf einmal war die Gelegenheit da. Eine kleine, unscheinbare Anzeige, die wir eigentlich schon weggelegt hatten, fiel uns wieder in die Hände. Wir vereinbarten einen Termin mit dem Makler, drei Zimmer, 90 Quadratmeter, Hochparterre, 14 Wohneinheiten einer Eigentümergemeinschaft mit bunt gemischter Altersstruktur, großes Wiesengrundstück mit Bachlauf, unverbaubarer Blick auf die Schwarzwaldberge, Bus und Straßenbahn fußläufig erreichbar oder per Rad in 15

Minuten auf dem Dreisam-Uferweg mitten in die Stadt: Alles schien ideal für den Ruhestand.

»Die Lage, die Lage, die Lage.« Der Hausverwalter aus unserem Bekanntenkreis, den wir zu Rate zogen, bestätigte, dass die Wohnung im Freiburger Osten das wichtigste Kriterium für eine werthaltige Geldanlage erfüllte und der Preis günstig sei. Wir gingen zur Bank. Auch hier grünes Licht. Die Rate für das Darlehen war niedriger als die bisherige Miete. So beschlossen wir, uns acht Jahre vor meinem Rentenbeginn zum ersten Mal in unserem Leben zu verschulden. Bei eisernem Sparen sollte der Kredit in einem überschaubaren Zeitraum zu tilgen sein. Die engen Grenzen, die der finanzielle Spielraum uns setzte, akzeptierten wir. Und fühlten uns rundum glücklich.

Obwohl, einfach war es nicht. Der Umzug von der 165 Quadratmeter großen Altbauwohnung bedeutete, alles auf den Prüfstand zu stellen. Was kann weg, was ist unverzichtbar, das war bei jedem Ding, das wir in die Hand nahmen, die große Frage. Von Büchern über Kinderspielzeug, Geschirr, Küchengeräte, Lampen, Bilderrahmen, Fahrräder, Surfbrett und sonstigen Hobbykram bis hin zu einzelnen Möbelstücken überlegten wir, ob wir es in der neuen Wohnung mit einem ziemlich kleinen Kellerabteil würden unterbringen können. Doch als wir die 180 Kisten, die es nach wochenlangem Sortieren und Reduzieren immer noch waren, schließlich ausgepackt und den Inhalt verteilt hatten, wendeten wir die latente Verzweiflung, die uns während der Umzugstage immer wieder gepackt hatte, einfach um in ein positives Bild, mit dem wir die um unser wohnliches Wohlergehen besorgten Freunde, vor allem aber uns selbst, beruhigten: Passt doch wie ein Maßanzug!

Passt wie ein Maßanzug. Von wegen! Irgendwann spürten wir, dass wir selbst nicht mehr so richtig daran glaubten. Und das nicht nur wegen der stetig wachsenden Familie, die mit erst drei, dann vier, dann fünf und dann sechs Enkelkindern, verteilt in einem Sehnsuchtsdreieck zwischen Hamburg, München und der Schweiz lebend, bei Besuchen fast schon zu einem Wirtschaftsfaktor für die umliegende Hotellerie wurde.

Das Slim-Fit-Wohnen hatte auch andere, außerfamiliäre Aspekte. Hausordnung, Sondernutzungsrechte, Gartenbenutzung, Müllbehälter, Heckenschnitt, Renovierungsstau – immer stand etwas auf der Agenda, worüber bei Eigentümerversammlungen endlos und nicht selten ohne Ergebnis diskutiert wurde. Entscheidungen wurden vertagt, Konflikte schwelten weiter. Die Hausverwalter gaben sich die Klinke in die Hand, die Probleme blieben. Als der letzte, den wir selbst noch vermittelt hatten, angesichts der Uneinigkeit der Eigentümergemeinschaft seine Kündigung androhte, war uns klar: Das wollten wir nicht mehr erleben. Und so machten wir uns, nach 14 Jahren Mehrfamilienhaus, nach der letzten Ratenzahlung für den Kredit, nach der schleichenden Erosion unserer Frustrationsschwelle mit dem Gedanken vertraut, uns noch einmal, zum letzten Mal, ein neues Zuhause zu suchen.

DIE SUCHE BEGINNT

Wir begannen, Internetportale nach möglichen Objekten zu durchforsten. Mit den entsprechenden Filtern gaben wir die Rahmenbedingungen vor. Ein Haus mit Garten, klar. Möglichst Freiburg oder nähere Umgebung, auch klar. Bis zu zehn oder 15 Kilometer. Gerne schon älter, aber nicht zu runtergekommen. Und mindestens fünf Zimmer. Ach ja, eine schöne Aussicht sollte es natürlich auch haben. Mit der Nachbarschaft in gebührendem Abstand. So stellten wir uns das vor. So ungefähr. Erst einmal groß denken, abspecken konnten wir dann immer noch.

Dass wir uns überhaupt an dieses Projekt wagten, lag vor allem an der Wertsteigerung, die unsere Wohnung inzwischen erfahren hatte. Sie würde, nach allen Vergleichen, die wir angestellt hatten, mehr als doppelt so viel bringen, wie wir bezahlt hatten. Also zwischen 310.000 und 350.000 Euro. Das hatte jedenfalls unser Bankberater geschätzt, und der Makler, den wir angefragt hatten, war zum gleichen Ergebnis gekommen.

Die Suche nahm uns bald so gefangen, dass wir kaum noch an etwas anderes denken konnten. Wir hatten uns bei den entsprechenden Anbietern registrieren lassen, und so landeten täglich mehrere Angebote auf dem Bildschirm unseres Laptops. Und schnell war klar, dass es völlig utopisch war, auf ein Haus in Freiburg zu hoffen. Auch der Umkreis, den wir uns in homöopathischer Entfernung gezogen hatten, war viel zu eng bemessen. Schlichtweg unbezahlbar. Eigentlich hätten wir uns das denken können, denn der Wertsteigerung unserer Wohnung entsprach natürlich auch die der Häuser. Nolens volens, man war ja nicht weltfremd, korrigierten wir den Filter nach oben und erweiterten die Distanz zu Freiburg auf rund 50 Kilometer. Nach Süden und nach Norden. Im Westen der Kaiserstuhl lockte uns, trotz seiner spätburgundischen Rebterrassen, als heißeste Region Deutschlands eher nicht, ebenso wenig der Hochschwarzwald im Osten, den wir zwar schätzten, uns aber lieber weiterhin als Ausflugsziel und nicht als dauerhafte Bleibe vorstellen mochten. Ganz abgesehen davon, dass auch Sankt Peter und Sankt Märgen schon längst unerschwinglich geworden waren.

Bisher war ja alles nur rosarote Theorie gewesen, in der wir uns ausmalten, wie sich unsere Wohnsituation verbessern würde. Doch nun wollten wir Taten folgen lassen. Warum nicht einfach hinfahren und sich etwas anschauen? Erst einmal ohne Besichtigungstermin, nur von außen, ganz unverbindlich. Doch das war leichter gesagt als getan, denn die meisten Anzeigen waren zwar mit der Ortsangabe, aber ohne Straße und Hausnummer ins Netz gestellt. Kein Problem! In kurzer Zeit entwickelte Corinna ein sicheres Gespür dafür, wo genau das jeweilige Objekt, für das wir uns interessierten, lag. Anhand von Außenaufnahmen, Dachformen, Baumbestand, Straßen, Wiesen und Garagen googelte und zoomte sie sich Klick für Klick ins Ziel, bis wir sicher waren, die Adresse auch in echt zu finden.

In echt. Nachts, wenn unser Aktionismus auf Standby wechselte und ich vor dem Einschlafen die letzten Erkundungsfahrten noch einmal in schönsten Traumhausbildern Revue passieren ließ, schossen mir manchmal auch ganz andere, sehr viel realere Bilder überfallartig durch den Kopf. Was war mit den vielen, in langen Freiburger Jahren so vertraut und lieb gewordenen Ecken unserer Stadt? Dem alten Insel-Quartier mit seinen schattigen Plätzen. Den kleinen Geschäften, wie dem von Luitpold Bauer am Schwabentor, wo man noch einzelne Schrauben verkauft und in Papiertütchen über den Ladentisch gereicht bekam. Den engen Gassen rund ums Münster, in denen man schon mal von Touristen gefragt wurde, wo er denn nun sei, der schönste Turm der Christenheit, und man nur sagen musste: »Da oben, über den Dächern, da können Sie seine Spitze sehen.« Den Studenten, wenn sie aus den Seminaren kamen und den Platz vor der Universitätsbibliothek oder die umliegenden Cafés belagerten. Was war mit den Museen, Theatern, Kinos und all den anderen Kultureinrichtungen, auch wenn wir deren Angebote viel zu selten nutzten? Egal, Hauptsache, es gab sie und man wusste, man konnte, wenn man wollte. Wo blieben all diese so wunderbar nah beieinander liegenden Möglichkeiten, die Freiburg uns bot? Und was würde aus unserem Freundes- und Bekanntenkreis werden, wenn wir uns nicht mehr zufällig über den Weg liefen, wenn wir uns für alles und jedes verabreden müssten? Wäre es nicht vollkommen verrückt, all das freiwillig aufzugeben, nur um ein bisschen schöner zu wohnen?

Doch Corinna mit meinen trüben Gedanken zu plagen, kam mir nicht in den Sinn. Mit solchen nächtlichen Attacken musste ich alleine fertig werden. Wir hatten das alles ja tausendmal durchdiskutiert und waren immer wieder bei denselben Fragen gelandet: Welches waren unsere wichtigsten Bedürfnisse? Wie sollte unser Alltag aussehen, wie wollten wir morgens aufwachen und abends einschlafen? Wie den Frühling, den Sommer, den Herbst und den Winter erleben? Was bedeutete uns die Stadt, was die Natur? Was brauchte es, um beidem nahe zu sein? Und was – und das war, nicht in Nachtgedanken, sondern bei Licht besehen, die wichtigste Frage – was wünschten wir uns für die kommenden Jahre, für die Zeit, in der wir noch selbstständig und selbstbestimmt würden leben können?

So schwierig diese Fragen, selbst beim tausendsten Mal, zu beantworten waren, so leicht war es, einfach loszufahren und zu schauen, welche Möglichkeiten sich uns boten. Nix muss, alles kann: Mit dieser Devise starteten wir unsere ersten Erkundungen. Neugierig jedenfalls waren wir. Lust hatten wir auch. Und, abgesehen von einigen ehrenamtlichen Verpflichtungen, alle Zeit der Welt.

VORGEPLÄNKEL IM HOCHSCHWARZWALD

Obwohl wir das ja eigentlich ausgeschlossen hatten, führten uns die ersten Fahrten in den herbstlich bunten Hochschwarzwald. Über 1000 Meter Höhe, Fernblick in die Schweiz mit Eiger, Mönch und Jungfrau. Eine Luft wie zum Trinken. Oberbränd, Tummelplatz für Mountainbiker und Nordic Walker. Und im Winter für Skilangläufer. Hier stand unser erstes Objekt. Die Fotos im Internet zeigten eine wunderschöne Schwarzwaldvilla, eine Art Thomas-Mann-Villa im Kleinformat. Begeisterung auf den ersten Blick. Solider Sandsteinsockel, gemütliches Krüppelwalmdach, Erkerfenster, hinter denen man das tiefe Polster eines Ohrensessels geradezu fühlen konnte. Ein verwunschener Garten, der unmittelbar in den Wald überging. Wir ließen unsere Phantasie schweifen. Bei näherem Hinsehen jedoch entpuppte sich das Haus als veritable Bruchbude. An einigen Stellen war das Mauerwerk feucht, zwischen den bemoosten Ziegeln schauten die Dachsparren hindurch, die Regenrinnen rosteten still vor sich hin. Da war seit Jahrzehnten nichts mehr gemacht worden. Als eine kräftige Windböe durch die Wipfel der nahe stehenden Tannen fuhr und die Zweige sich bedrohlich über den Dachfirst neigten, war uns klar: Dichterfeeling hin oder her, den Makler brauchten wir gar nicht erst kontaktieren.

Zurück auf der B31 mit Fernlastverkehr Richtung Balkan bogen wir am Titisee links ab, kurvten auf der Rennstrecke für Hobbybiker hinauf zum Bahnhof Bärental, dem laut Schwarzwaldtourismuswerbung höchst gelegenen Bahnhof Deutschlands. Dort nahmen wir die Abzweigung Richtung Schluchsee, vorbei an der möglicherweise, von der Schwarzwaldtourismuswerbung allerdings nicht bestätigten, höchst gelegenen Lidl-Filiale Deutschlands, um noch zwei weitere Objekte in Augenschein zu nehmen – wenn wir schon auf 1000 Meter über dem Meeresspiegel unterwegs waren. Doch weder das Häuschen in Falkau noch jenes in Schluchsee konnte uns überzeugten. Beide laut Inserat und angesichts reichlich gestapelter Holzvorräte wohl durchaus winterhart, waren sie uns als feste Bleibe doch wenig verlockend. Was sollten wir mit einer Nachbarschaft, deren heruntergelassene Rollläden eher Ferien- oder Wochenendnutzung als dauerhaftes Wohnen signalisierten?

Die nächste Immo-Tour, wie wir unsere Erkundungsfahrten inzwischen nannten, unternahmen wir während eines Kurzurlaubs im Waldhotel Fehrenbach oberhalb von Hinterzarten, mit dem wir einen Gutschein, ein Geschenk des Fördervereins zum Ende meiner Dienstzeit im Freiburger Museum für Neue Kunst, einlösten. Wobei während der Abschiedsfeier wohl niemand damit gerechnet hatte, dass die drei Tage im Hochschwarzwald eine Art Testlauf sein könnten für den Aufbruch in ein neues Leben – am allerwenigsten wir selbst. Nun aber waren wir gespannt darauf, wie es sich anfühlen würde hier oben, von wo aus an Sommerabenden der kühlende Höllentäler durchs Kirchzartener Becken nach Freiburg bis zum Münsterplatz wehte.

Am zweiten Tag unseres Aufenthaltes regnete es in Strömen. Also hinein ins Auto und auf zum nächsten Objekt, das uns gerade in Haus geflattert war. An Neustadt vorbei über die knapp 100 Meter hohe Gutachtalbrücke hinauf auf die Baar, jene weite Hochebene mit ihren Wiesen, Rapsfeldern und Laubwäldern, die so ganz anders war als der tannendunkle Schwarzwald. Dann über enge Serpentinen wieder hinab Richtung Hochrhein bis zu dem Städtchen Blumberg, von wo aus verschiedene Wanderwege in die wildromantische Wutachschlucht führten.

Genau an einem dieser Wege lag unser Ziel. Ein ehemaliges Schulgebäude aus den 1920er Jahren, das in den 1970ern um eine Mehrzweckhalle erweitert worden war. Hinter der Glasfront des Zwischentraktes waren ein weitläufiges Treppenhaus, Zugänge zu verschiedenen Klassenräumen und eine Aula zu erkennen, die wohl auch als Turnhalle gedient hatte. Am Boden herumliegende Sprungmatten, ein Barren, von der Decke hängende Seile mit Ringen und anderes Sportgerät zeugten von vergangenen Zeiten körperlicher Ertüchtigung. Auch hier hatten wir keinen Besichtigungstermin vereinbart, doch was wir von außen sehen konnten, war aufschlussreich genug. Ganz offensichtlich sanierungsbedürftig, harrten Halle und Hauptgebäude eines neuen Eigentümers mit Vorstellungsvermögen, vor allem aber mit Finanzkraft. Obwohl es uns an letzterer doch eher mangelte, malten wir uns aus, wie es wohl wäre, an diesem im Sommerhalbjahr von Touristen vermutlich äußerst frequentierten Ort eine Art Jausenstation einzurichten oder, ambitionierter, einen Verein zu gründen, der mit Konzerten, Ausstellungen, Lesungen und Vorträgen den Wanderern, wenn sie denn zurück aus der Schlucht kamen, ein paar Häppchen Kunst mit auf den Heimweg geben würde. Nein, im Ernst, Raum für kulturelle Aktivitäten war jedenfalls reichlich vorhanden, und das Publikum, dafür gab es genügend Beispiele, fand auch in die entlegensten Ecken, war das Angebot nur attraktiv genug.

Es war ein verlockendes Spiel, das unsere Phantasie da mit uns trieb, während wir durch die tropfnassen Wiesen um das Gebäude herumstapften. Auf dem Weg zurück zum Auto entdeckten wir auf der anderen Straßenseite einen Nachbarn, der uns offensichtlich während unseres Rundgangs beobachtet hatte. Die Auskunft, die wir von ihm bekamen, war nicht gerade ermutigend. Die Gemeinde habe, was die künftige Nutzung angehe, als Eigentümerin ein Mitspracherecht, und außerdem – seine Stimme bekam einen leicht verschwörerischen Klang, als würde er uns verbotenerweise zu Mitwissern machen – außerdem gebe es Kaufinteressenten, die hier Übernachtungsmöglichkeiten für die vielen Wanderer schaffen wollten, eine Art Matratzenlager, wie zu guten alten Zeiten. Die witterten wohl das große Geschäft. »Wenn Sie mich fragen«, und damit schloss er seine klammheimlichen Ausführungen, »ist das Gebäude reif für die Abrissbirne«. Komisch, irgendwie wurden wir auf der Heimfahrt den Eindruck nicht los, dass der Mann nicht ganz frei von Eigeninteressen war, wie immer die auch aussehen mochten. Gute Voraussetzungen für die Verwirklichung unserer Ideen sahen anders aus.

Es hatte aufgeklart, Nebel und Regen waren in der Wutachschlucht hängen geblieben, die Nachmittagssonne verwandelte Wiesen, Waldränder und den noch regennassen Asphalt in ein Meer aus gleißenden Lichtreflexen. Gut, wieder hier oben zu sein! Und noch Zeit zu haben, an Straßenkreuzungen spontane Richtungsänderungen vornehmen zu können. Es hetzte uns ja keiner. Warum also auf der Fahrt zurück in unser Ferienquartier nicht noch einen kleinen Umweg über Lenzkirch machen, den vielgepriesenen heilklimatischen Kurort, den wir bisher nur aus Prospekten kannten? Kaum hatten wir die hübsch herausgeputzte Ortsmitte erreicht, waren wir auch schon wieder draußen. Als ich beschleunigen wollte, packte Corinna meinen rechten Arm. »Mach doch mal langsam, hast du eben links das große Gebäude gesehen? Das könnte auch in Frankreich stehen. Fahr doch noch mal zurück!«

Gehört, getan, gewendet und hundert Meter retour. Tatsächlich, schon von weitem konnte man erkennen, dass es sich hier um etwas Besonderes handelte. Ein bisschen erinnerte die Architektur an ländliche Rathäuser, wie wir sie auf unseren Fahrten Richtung Bretagne in vielen kleineren Ortschaften angetroffen hatten, wo der Geist einer stolzen bürgerschaftlichen Vergangenheit noch zu spüren war. Zweigeschossig mit hoch aufragendem Satteldach, über beide Geschosse reichende Eckpilaster, die an den Längsseiten in Traufhöhe durch einen ornamentalen Fries miteinander verbunden waren. Vier Fensterachsen gliederten die Straßenfront, die fünfte, mittlere Achse wurde durch eine zweiläufige Treppe betont, die zu einem Eingangsportal führte, das wiederum durch einen kleinen Balkon bekrönt wurde. Entzückend! Fehlte nur noch ein Schild mit der Aufschrift »Mairie«. Und ein Amtsinhaber, der von hier aus selner zum Nationalfeiertag aufspielenden Feuerwehrkapelle lauschte.

Wir waren hin und weg. Und baff: Zwei kleine, eher provisorisch an der Fassade angebrachte Schilder besagten, dass das Ganze für einen Betrag von 99.000 Euro zu haben sei. War das nicht ein Schnäppchenpreis, angesichts der Bedeutung, die dieses Haus für Lenzkirch einst gehabt haben musste? Selbst wenn man seinen eigentlich jämmerlichen Zustand in Rechnung stellte? Ein Kleinod im Dornröschenschlaf, so kam es uns vor. Und vielleicht war es ja gerade sein blätternder rosafarbener Putz, vielleicht waren es seine lindgrün verblichenen Fensterläden, vielleicht die umstehenden uralten Bäume, mit denen es uns zuraunte: Weck mich auf!

Am nächsten Morgen machten wir einen langen Spaziergang und besprachen die letzten Tage. Mit zunehmendem Abstand relativierte sich unser Lenzkircher Zufallsfund. Auch hier machte ein Kauf ja nur Sinn, wenn wir das Haus nicht allein für uns selbst nutzen, sondern es zu einem wie auch immer gearteten kulturellen Treffpunkt machen würden. Bevor wir aber unsere Blumberger Phantasien weiterspannen, sollten wir uns vielleicht erst einmal bei der Gemeinde erkundigen, wie es um das Haus bestellt war.

Wieder zurück in Freiburg rief ich die Ortsverwaltung an und wurde prompt mit dem Bürgermeister verbunden, der mir bereitwillig Auskunft gab. Es handele sich um die Villa Spiegelhalder, ehemaliger Wohnsitz des gleichnamigen Uhrenfabrikanten, die seit Jahren zum Verkauf stehe. Eigentlich ein Abrissobjekt, gebe es Überlegungen, das Gebäude zu sanieren und als Lenzkircher Kulturzentrum wiederzubeleben. Wenn sich ein privater Investor finde, würde er das natürlich sehr begrüßen. Er machte eine kleine Pause. Der bauliche Zustand aber, so fuhr er fort, sei katastrophal: eingestürzte Decken, ein nicht mehr begehbares Treppenhaus, von der Elektrik und der Heizung ganz zu schweigen. Ohne Fördermittel vom Land sei das finanziell nicht zu stemmen. Ob die bewilligt würden, stehe allerdings in den Sternen. Und letztendlich müsse sowieso der Gemeinderat über die Zukunft der Villa entscheiden. So endete das Gespräch. Und so endete unser französischer Traum im Hochschwarzwald.

Wie sahen wir eigentlich unsere Zukunft? War all das, was wir uns ausmalten, nicht nur eine Fortsetzung unserer früheren beruflichen Tätigkeiten in anderer Form? Konnten wir vielleicht nur nicht ablassen von dem, was uns über viele Jahre hinweg ausgefüllt hatte – mich als Museumsleiter, Corinna als Buchhändlerin und Cafébetreiberin? Um gemeinsam etwas auf die Beine zu stellen. Einen Ort der Begegnung und des Austauschs zu schaffen. Gerade dort, wo es niemand erwartete. Mitten in der Provinz. Wo vielleicht etwas ganz Unerwartetes entstehen könnte. Ein Experiment zwischen praktischem Tun und ausschweifender Poesie, zwischen Heimat und Welt, ein geerdetes Schwarzwälder Wolkenkuckucksheim sozusagen. Waren es nicht nur spielerische Rückzugsgefechte aus dem Lebensabschnitt, der mit Rentenbeginn ein für alle Mal beendet war? Mag sein, sagten wir uns, doch es machte einfach Spaß, vor allem, wenn es so greifbar wurde, als architektonische Einladung, als baulich fassbarer Rahmen so unerwartet vor uns stand, wie eben hier in Lenzkirch. Die Villa Spiegelhalder aber, das war spätestens nach dem Telefonat mit dem Bürgermeister klar geworden, war mehrere Nummern zu groß. Und mal ganz ehrlich: Wollten wir wirklich neue Verpflichtungen eingehen, nicht nur inhaltlicher und öffentlicher, sondern vor allem auch finanzieller Art? Diese Gedanken trieben uns immer wieder um, traten aber in den Hintergrund, wenn wir nach neuen Objekten suchten. Groß denken, gut und schön, zuallererst aber ging es um ein passendes Zuhause für uns und unsere wachsende Familie.

SCHILTACH
HAUS AM FLUSS

»Wie kommen Sie denn auf die Idee, aus Freiburg wegzuziehen?« Der Mann schien einigermaßen fassungslos. Dabei wollte er doch sein Haus verkaufen. Nur hatte er offensichtlich nicht mit Interessenten aus der Breisgaumetropole gerechnet, wo er selbst seit Jahren wohnte. Zum Glück gelang es mir, ihn von der Ernsthaftigkeit unserer Absichten zu überzeugen und einen Besichtigungstermin zu vereinbaren. Also auf nach Schiltach. Wir mussten uns erst einmal schlau machen, wo der Ort lag. Kinzigtal, auch das kannten wir nur vom Namen her. Kein Wunder, waren wir doch eher Richtung Markgräflerland, Elsass und Schweiz orientiert. So fuhren wir los, und Kathrin, die freundliche Stimme aus unserem Navi, wies uns den Weg. Nach Waldkirch, durchs schöne Elztal, eine kleine Passhöhe hoch und wieder hinunter nach Haslach. Okay, das kannte ich von der Sammlerfamilie Haas, mit der ich während meiner Museumszeit häufiger Kontakt hatte. Aber sonst? Terra incognita! Was durchaus eine Schande war, das merkten wir schnell, als wir die Kinzig entlang flussaufwärts fuhren. Ein idyllisches, weit sich ausbreitendes Tal, in dem sich vier Städtchen wie Perlen auf einer Kette aneinanderreihten. Haslach, Hausach, Wolfach, Schiltach. Und ein Oktobertag wie im Bilderbuch.
Nach rund 70 Kilometern passierten wir die Ortseinfahrt, fuhren im Schritttempo an einer steil ansteigenden kopfsteingepflasterten und von hohen Fachwerkhäusern gesäumten Straße vorbei, die oben in einen Platz mit Brunnen und Rathaus mündete. Am liebsten wären wir ausgestiegen, aber wir wollten den Verkäufer ja nicht warten lassen. Nach wenigen 100 Metern waren wir da.

Ein schmales Sträßchen auf halber Höhe über der gemächlich dahinfließenden Kinzig und der eingleisigen Bummelbahn. Wir hatten die Fotos im Internet gesehen. Aber jetzt, so unmittelbar davor, wirkte das Haus noch einmal ganz anders. Wie es so dastand, selbstbewusst und gelassen sich an den Hang lehnend. Ein Kubus aus den 1930er Jahren, Zeltdach mit breiter Gaube, kleiner Balkon über dem Eingang, dessen Gewände mit Quadern aus rotem Sandstein aufgemauert war. Der Eigentümer erwartete uns bereits. Als er uns begrüßte, huschte, so schien mir, ein leicht ungläubiges Staunen über sein Gesicht. Brauchte er die junge Frau, seine Tochter, wie er erklärte, an seiner Seite etwa zur Bestätigung, dass wir tatsächlich gekommen waren, leibhaftig vor ihm standen und tatsächlich Interesse hatten? Ich blickte Corinna von der Seite an und musste innerlich grinsen. Der Mann hatte so Unrecht ja nicht. Wollten wir uns wirklich vorstellen, in dieses doch ziemlich entlegene Fleckchen Erde zu ziehen? Ich konnte in diesem Moment ja nicht ahnen, wie sehr uns das Kinzigtal noch ans Herz wachsen sollte.
Während des Rundgangs erzählte er uns die Geschichte seines Elternhauses. Dass er hier aufgewachsen und zur Schule gegangen sei. Dass das Haus später dem Schiltacher Bürgermeister als Wohnsitz gedient habe, jetzt aber seit einiger Zeit leer stehe. »Es wäre schön, wenn es nun neue Eigentümer fände, die seine Besonderheit zu schätzen wissen.« Prima, nun wussten wir ja, worauf es ankam. Aber verstellen mussten wir uns nicht, dazu gefiel uns das, was wir bisher gesehen hatten, viel zu sehr.
Wir stiegen die Holztreppe mit dem kunstvoll geschwungenen, rötlich lasierten Handlauf hinauf ins Obergeschoss. »Und das ist das Piano nobile.« Der Stolz in der Stimme unseres Führers war unüberhörbar, als wir die beiden nur durch eine zweiflügelige Sprossentür voneinander getrennten Räume betraten. Wobei der Vergleich mit Stadtpalästen der italienischen Renaissance, den er mit dieser Bezeichnung andeutete, wohl etwas hoch gehängt

war. Doch immerhin, die gesamte Situation hatte etwas durchaus Repräsentatives, war zugleich aber auch wohnlich und einladend. Durch große Fenster und die Balkontür flutete Sonnenlicht auf das alte, in Fischgrätmuster verlegte Parkett. Ein Kachelofen versprach für die Wintermonate wohlige Wärme. Wir traten hinaus auf den Balkon. Etwa zehn Meter unterhalb lag ein putziges Bahnhofsgebäude. Welche Bedeutung es für den Ort hatte, zeigte ein Schild mit der Aufschrift »Schiltach Mitte«. Aha, Großstadt-Ambitionen im Fallerhäuschen-Format. Vielleicht etwas übertrieben? Ein Blick nach links belehrte uns eines Besseren. Dort war hinter einer Reihe hochgewachsener Birken ein moderner Gebäudekomplex zu erkennen, der Hauptsitz des Sanitärausstatters Hansgrohe, wie wir erfuhren. Ein Global Player in Schiltach! Direkt gegenüber! Das hatte doch was. Schade nur, dass ein leiser Pfeifton, vermutlich von der Abluftanlage, zu uns herüber wehte. Sei's drum, dachte ich, dem können wir später noch nachgehen.

Die Aussicht auf den gegenüberliegenden Hang aber, wo sich das Städtchen ausbreitete, war bezaubernd. Ein Fachwerkhaus neben dem anderen. Der passende Kontrast. War das nicht Heimat und Welt, so wie wir es uns vorgestellt hatten? Diese Verbindung von Tradition und Gegenwart, nach der wir suchten?

Wir besichtigten den mit alten Bruchsteinen terrassierten Garten. Breite Stufen und Platten aus Sandstein führten um das Haus herum. Die Sockelzone an der Bergseite war, ebenso wie die Wände im Kellergeschoss, feucht. Obwohl es seit längerem nicht geregnet hatte, gab es hier offensichtlich ein Problem. »Das ist völlig normal für ein Haus am Hang, keine Sorge, das Mauerwerk ist davon nicht betroffen.« Mit der Ankündigung, die betreffenden Innenwände noch mit einer Spezialfarbe streichen zu lassen, war das Thema für den Eigentümer erledigt. So ließen auch wir die Sache erst einmal auf sich beruhen. Zumal er uns für eine Woche den Hausschlüssel aushändigte, damit wir uns, wie er meinte, in Ruhe ein zweites Mal umschauen könnten. Offensichtlich hatten wir den richtigen Ton getroffen.

Wir ließen das Auto stehen und machten uns zu Fuß auf ins Zentrum. Jetzt erst bemerkten wir ein großes Geschäft, wo man Felle und Trachten, aber auch modische Bekleidung kaufen konnte – den vielen Autos nach zu urteilen, ein Anziehungspunkt für Kundschaft von weit her. Jenseits der Brücke befand sich eine Art Festungsmauer, von der aus verschiedene steile Treppchen und Gassen nach oben führten. Wir erreichten den Platz, den wir schon im Vorbeifahren gesehen hatten. An einem der umliegenden Häuser wurde gerade Brennholz für den Winter mittels einer Seilwinde ins Dachgeschoss gezogen. Wie im Mittelalter! Wir standen und staunten. Und genehmigten uns erst einmal einen Cappuccino vor der »Kaffeebohne«, einem Bistro am oberen Ende des Platzes, um unsere Eindrücke zu überdenken. Das Haus, der Garten, die Lage, das Städtle, wie sie hier sagten: Alles hatte unsere Erwartungen übertroffen. Ein paar Meter entfernt war uns ein leeres Schaufenster aufgefallen. »Zu vermieten« stand in handgeschriebenen Buchstaben auf einem schon etwas vergilbten, an die Scheibe geklebten Zettel. Offensichtlich war es nicht ganz einfach, einen neuen Ladenbetreiber zu finden. Und wieder spulte in unseren Köpfen der inzwischen schon so vertraute Film ab: Da müssten wir doch, da könnten wir vielleicht – so war es uns gerade auch bei der Hausbesichtigung ergangen. Die beiden seitlich der großzügigen Eingangsdiele gelegenen Zimmer würden sich bestens als Galerieräume eignen. Junge Kunst im Kinzigtal, es gab ja so viele Möglichkeiten.

Auf dem Weg zurück zum Auto fiel uns unterhalb der Brücke eine Anlegestelle auf, wo Flöße aus langen Fichtenstämmen für eine Fahrt flussabwärts mit dicken Seilen aneinandergebunden wurden. Ein Angebot für Touristen, die einmal erleben wollten, wie es war, als noch Bäume aus dem Schwarzwald über die Kinzig in den Rhein und weiter bis zum Meer transportiert wurden.

Schiltach, die Flößerstadt. Ihre wirtschaftliche Bedeutung reichte offensichtlich viel weiter zurück als die Produktion von Wasserhähnen, Duschköpfen und Keramikbecken.

Inzwischen war es Spätnachmittag geworden. Wir machten uns auf den Heimweg. Wie harmonisch die Fernstraße Richtung Westen nach Gengenbach und Offenburg in die Landschaft eingebettet war! Und wie die tief stehende Sonne die Höfe und Weiler in goldenes Herbstlicht tauchte! Die Fahrt erschien uns jetzt viel kürzer als noch am Morgen. Kaum 15 Minuten bis Haslach, dann links ab und wieder über den Berg, und schon waren wir an Elzach und Waldkirch vorbei. Als wir nach knapp einer Stunde Freiburg erreichten und durch die Zähringerstraße mit ihren Wohnblocks, Bürogebäuden und Straßenbahngleisen in die Stadt hinein fuhren, erschien uns der zu Ende gehende Tag fast wie ein Traum. Als wären wir zurück aus einer anderen Welt. Konnte das Kinzigtal unsere neue Heimat werden?

Eine Woche später waren wir wieder da. Diesmal gingen wir allein durch das Haus. Alles gefiel uns so wie beim ersten Mal. Bis auf die Problemzonen im Kellergeschoss. »Was meinst du, sollte sich das nicht ein Gutachter genauer anschauen? Dann wären wir auf der sicheren Seite.« Corinna hatte offensichtlich gerade denselben Gedanken wie ich. »Die Frage ist nur«, sie schaute mich zweifelnd an, »ob der Verkäufer da mitmacht. Vor allem wenn es noch andere Interessenten gibt. Die kaufen das Haus vielleicht auch so.«

Damit waren wir beim springenden Punkt, dem Preis. Das Haus sollte, so wie es dastand, 250.000 Euro kosten. Nicht wirklich viel, fanden wir, für ein solches Anwesen. Aber auch nicht grade wenig. Denn immerhin musste einiges getan werden, um die gesetzlich geforderte Energieeinsparung von mindestens 15 Prozent zu erreichen. Das betraf vor allem die Erneuerung der Fenster und weitere Dämmungsmaßnahmen. Auch die Heizung war in diesem Zusammenhang ein Thema. Und wie sah es um den

Zustand der elektrischen Leitungen und der Wasserrohre aus? Von den feuchten Kellerwänden ganz zu schweigen. Zu all diesen zumindest teilweise notwendigen Investitionen kamen ja noch die Erwerbsnebenkosten wie Notargebühren oder Grunderwerbssteuer. Nicht zu vergessen der Umzug. Bei dem geschätzten Erlös für unsere Wohnung würde sich das im besten Fall gerade so die Waage halten.

Zum ersten Mal hatten wir einen konkreten Anlass für eine Gesamtkalkulation. Je mehr wir rechneten, umso zögerlicher wurden wir. Eines war klar: Auf keinen Fall wollten wir ins Risiko gehen. Ein paar Tage gaben wir uns noch Zeit, dann hatten wir uns entschieden. So gut uns das Haus auch gefiel, so unsicher waren die Voraussetzungen für einen Kauf. Wir informierten den Verkäufer von unserer Entscheidung, nicht ohne unserem Bedauern Ausdruck zu geben. Er wisse ja, wie sehr uns sein Haus gefalle. Die Antwort ließ nicht lange auf sich warten. Aufgrund unserer Bedenken habe er einen Sachverständigen beauftragt, um den Zustand der Wände und eventuelle Beeinträchtigungen durch aufsteigende Feuchte prüfen zu lassen. Wir würden wieder von ihm hören. Doch wollten wir das überhaupt noch? Wir ließen die Sache auf sich beruhen. Und suchten weiter.

Die Wochen gingen ins Land. Längst waren wir unterwegs zu anderen Zielen. Doch gleichzeitig ging uns das Haus am Fluss mit dem gegenüberliegenden Städtle immer wieder durch den Kopf. Als wollte Schiltach uns noch nicht loslassen. Als wollte es noch um uns werben. Schließlich gaben wir, wider besseres Wissen, nach. Warum denn nicht, es war inzwischen November geworden, in dem Trachtenladen nach Weihnachtsgeschenken schauen? Handschuhe aus Fell, eine Wolldecke fürs Sofa, eine Strickmütze – das Angebot war vielfältig und verlockend. Oder einen der romantischen Weihnachtsmärkte im Kinzigtal besuchen? Und warum nicht einfach dem Zufall folgen, der uns wie ein Zeichen erschien. Unserem Adventskalender, auf dem hinter einem der Türchen ein Haus zu sehen war, das verblüffend dem in Schiltach ähnelte. Es gab ja so viele Gründe für einen dritten Besuch und wenn es nur zum endgültigen Abschied sein sollte.

Mitte März, fast ein halbes Jahr nach unserer ersten Besichtigung, erreichte uns die schon nicht mehr erwartete Nachricht des Eigentümers. Der hinzugezogene Sachverständige habe an den beanstandeten Stellen, so hieß es, keine Werte außerhalb der üblichen Bereiche gemessen. Zudem habe er die betroffenen Wände neu streichen lassen. Und: Er sei immer noch an uns als Käufer interessiert. Gerne könne er uns den Schlüssel ein weiteres Mal überlassen. Allerdings, so fügte er noch an, die Verkaufsverhandlungen gingen in die Endphase. Zwei junge Familien seien bereits mit ihren Architekten dagewesen, um mögliche Umbauten zu prüfen. Er rechne mit einer baldigen Entscheidung. Das war jetzt deutlich. Zu sicher sollten wir uns, bei aller Sympathie, offensichtlich nicht fühlen. Wir hatten uns schon den ganzen Winter über bei unseren Internetrecherchen gewundert, dass das Haus noch zum Verkauf stand. Doch jetzt wurde es wohl ernst.

Also machten wir uns, diesmal aber, so schworen wir uns, zum wirklich allerletzten Mal auf den Weg. Begleitet von Miriam, unserer jüngsten Tochter, die grade aus Hamburg zu Besuch war. Wir hatten es uns angewöhnt, alle wichtigen Schritte mit unseren Töchtern zu teilen. So war sie auf dem aktuellen Stand und, besser noch als wir, zugleich in der Lage, die Dinge mit der nötigen Distanz zu beurteilen. Sicher, unsere Begeisterung konnte sie verstehen, auch die Ideen, die wir entwickelt hatten, um unser Leben fern von Freiburg neu einzurichten. Aber, und das war viel wichtiger, auch sie sah die Schwachpunkte, stellte genau die Fragen, die auch uns ein Vierteljahr zuvor schon hatten zweifeln lassen.

So war unsere zweite, nun unwiderrufliche Absage nur noch Formsache. Was allerdings nicht bedeutete, dass wir den Schiltacher Häusermarkt nicht weiter beobachteten. Es war ja nicht ausgeschlossen, so unser uns selbst gegenüber kaum eingestandenes Kalkül, dass der Preis doch noch runter ginge. Dann könnte man noch einmal einsteigen. Ein weiteres halbes Jahr stand die Anzeige im Netz, ohne dass sich am Preis etwas änderte. Bis sie eines Tages verschwunden war. Fast waren wir enttäuscht. Egal, die Ausdauer des Eigentümers hatte sich offensichtlich gelohnt. Und vielleicht war es ja auch für uns besser so. »Wäre Schiltach nicht doch einfach zu weit gewesen? Bis Haslach ist es von Freiburg schon eine Dreiviertelstunde, und dann sind es immer noch mindestens fünfzehn Minuten.« Mit diesen Worten schlug Corinna das Schiltach-Kapitel sehr vernünftig und endgültig zu.

 Corinna hatte ja Recht. Irgendwie war die Sache zu einer Art Selbstläufer geworden. Das zweifellos vorhandene Potenzial des Hauses hatte uns derart gefangen genommen, dass wir darüber die Rahmenbedingungen fast vergessen hatten. Oder vergessen wollten. Das Städtle, dessen Erscheinungsbild, so bezaubernd wir es auch fanden, doch sehr auf Tourismus ausgerichtet war. Die fehlende direkte Bus- oder Zugverbindung nach Freiburg. Der zwangsläufig daraus resultierende Perspektivenwechsel nach Offenburg als zuständigem Oberzentrum. Und schließlich die schiere Entfernung zu der Stadt, an der wir hingen, die aus unserem Alltag ja nicht ganz verschwinden sollte.
All das hatten wir in den letzten Monaten verdrängt, während wir von Schiltach träumten. Erstaunlich nur, dass das Ganze so lange und immer wieder und noch einmal gedauert hatte. Waren wir zu entscheidungsschwach? War das eigene Haus nur eine

fixe Idee? Waren alle Recherchen, das Entdecken, das Pläne-
machen, Abwägen, Absagen und wieder neu in Betracht ziehen,
war das ganze hin und her vielleicht nur Selbstzweck? War etwa
der Weg das Ziel?

Eines jedenfalls war uns mit Schiltach klar geworden: So schnell,
wie erhofft, würden wir unser Traumhaus nicht finden. Zu viele
Aspekte waren daran geknüpft, zu viele Bedingungen musste es
erfüllen. Aber, und damit trösteten wir uns, wir hatten ja Zeit,
niemand und nichts drängte uns. Doch wo lag die Schmerz-
grenze an Entfernung? Diese Frage sollte sich noch öfter stellen,
als uns lieb war.

SEHRINGEN
BEGEGNUNG AM WALDESRAND

Ein trüber Tag Anfang April. Die ersten Forsythiensträucher zeigten gelbe Blüten. Das aber waren auch schon die einzigen Farbtupfer auf unserer Fahrt ins Markgräflerland. Von René Schickele, dem elsässischen Dichter, einst als »Himmlische Landschaft« besungen, versprach unser Reiseführer eher irdischen Genuss: Badische Toskana, das klang nach sonnenverwöhntem Hügelland und kulinarischen Köstlichkeiten. Von sonnig konnte heute allerdings kaum die Rede sein, und auch Schickeles hymnische Beschreibung war bei diesem Wetter etwas gewagt, es sei denn, die tiefhängenden Wolken wären als Wink des Himmels durchgegangen, unsere Unternehmung abzublasen. Als Wink, dem wir nicht zu folgen gedachten. Zu neugierig waren wir auf unser heutiges Ziel.

Von Badenweiler aus schlängelte sich die Straße zwischen Laubwald, Streuobstwiesen und Rebhängen den Berg hinauf. Oberhalb einer lang gezogenen Kurve lag es, das Haus. Eine asphaltierte Auffahrt führte zum Eingang. Krüppelwalmdach, braune Fensterläden, Kirschlorbeerrabatten. Ein Anstrich bescheidenen Wohlstands, leicht heruntergekommen. Seitlich ein tief eingeschnittenes Bachbett, dahinter Wald. Wir stellten das Auto an der Straße ab und liefen die Auffahrt hoch. Ohne uns groß anzuschauen, war uns sofort klar, dass wir uns den Weg hätten sparen können. Zu schattig, zu einsam und gleichzeitig zu nah an der Straße. Die viel zitierte »Lage« war in diesem Fall eindeutiges Ausschlusskriterium. Nur gut, dass wir noch keine Verabredung mit dem Makler getroffen hatten. Es wäre peinlich gewesen, ohne weitere Besichtigung auf dem Absatz kehrt zu machen und wieder davonzufahren.

Wir waren gerade am Überlegen, ob wir zum Auto zurückgehen oder wenigstens noch die Gelegenheit zu einem kleinen Spaziergang nutzen sollten, als ein älterer Herr mit Nordic-Walking-Stöcken und rüstig ausgreifenden Schritten jenseits des Bachbetts aus dem Wald kam, einen Holzsteg überquerte und auf uns zuhielt. Statt an uns vorbei zu gehen, blieb er freundlich grüßend stehen. »Suchen Sie etwas, kann ich Ihnen helfen?« Offensichtlich hatte er unsere Unschlüssigkeit bemerkt und kannte sich in der Gegend aus. »Wir wollten uns eigentlich das Haus hier anschauen. Es steht zum Verkauf. Aber es kommt leider nicht in Frage.« Aus unserer Antwort entspann sich ein kurzes Gespräch, in dessen Verlauf wir ihm von unseren Plänen erzählten. Es konnte ja sein, dass wir über diese Zufallsbegegnung einen Tipp bekämen. Wir erfuhren, dass er in der Nähe von Celle in der Lüneburger Heide wohnte und gerade zu Besuch bei seinem Bruder war. »Vielleicht kann der Ihnen weiterhelfen. Er wohnt hier gleich um die Ecke. Kommen Sie doch einfach mit. Er wird sich bestimmt freuen, Sie kennenzulernen. Ich nehme hier die Abkürzung, dann treffen wir uns direkt vor dem Haus.«

Gesagt, getan. Während er mit seinen Stöcken den Wiesenpfad weiterlief, folgten wir mit dem Auto seiner Wegbeschreibung und landeten nach wenigen Minuten vor einem großzügigen Anwesen. Wohl in den 1980er Jahren erbaut, schmiegte es sich unter alten Bäumen an den Hang. Kaum angekommen, hatte unser neuer Bekannter uns auch schon eingeholt. Er war wirklich ziemlich schnell unterwegs. »Ich sage gleich meinem Bruder Bescheid, schauen Sie sich inzwischen ruhig schon einmal hier auf der Etage die Ferienwohnung an, sie ist grade frei. Und im Untergeschoss befindet sich das Hallenbad, auch da können Sie gerne einen Blick hineinwerfen.«

Das war ja jetzt mal ein Empfang! Und eine unerwartete Freizügigkeit. Als würden wir uns schon seit Jahren kennen. Rüdiger Brendel, so hatte er sich uns vorgestellt, verschwand in der oberen Etage, und wir betraten die Ferienwohnung. Von wegen Ferienwohnung! Wir standen in einem großzügig dimensionierten Raum – fast schon eine Halle –, dessen Einrichtung eher auf Dauer- als auf Ferienaufenthalt ausgelegt war. Klassisch modernes Mobiliar, Teppiche auf dem Parkettboden, Bilder mit Blumenmotiven an der Wand.

Corinna zeigte auf ein Sideboard, auf dem mehrere Vasen aus weißem Porzellan in verschiedenen Größen standen. »Da stehen ja Vasen von KPM, wie wir auch eine haben. Einfach so. Ist dir klar, was die wert sind?«

»Keine Ahnung.«

»Na, mindestens 150 Euro. Die kleine. Und die stehen hier einfach so rum. In einer Ferienwohnung.« Corinna wirkte geradezu geschockt.

Da hatte der Vermieter doch tatsächlich die ganze kostbare Serie eines Klassikers der Königlichen Porzellan-Manufaktur in seiner Ferienwohnung platziert. Welches Vertrauen in die Sorgsamkeit seiner Gäste! Wir waren schwer beeindruckt. Und beeindruckt waren wir noch mehr, als wir die Tür zum Hallenbad öffneten. Feuchtwarme Luft, doch ganz ohne den üblichen Chlorgeruch. Ein etwa zehn Meter langes Becken. Panoramascheiben mit Aussicht ins Grüne. Saunaliegen, Badetücher, Beistelltischchen für Getränke. Am Rand des Beckens eine Abdeckplane auf Rolle. Zum Energiesparen offensichtlich, um über Nacht möglichst wenig Wärme zu verlieren. Alles gepflegt und bereit zum Hineinspringen. Wo man doch sonst eher von Pools hörte, die aus Kostengründen nicht mehr in Betrieb waren und in feuchten Kellern oder in Gärten unter Laub versteckt ihr trockengelegtes Dasein fristeten. Was mochte das für ein Vermieter sein, den wir gleich kennenlernen würden?

Wir stiegen das Treppenhaus hoch in die obere Etage, wo uns Rüdiger Brendel die Tür aufmachte. »Kommen Sie, mein Bruder erwartet Sie schon.«

Wir wurden in eine Wohnhalle geführt – hier traf der Begriff nun wirklich zu. Zur Linken ein Kachelofen, ein paar Meter weiter ein Konzertflügel, am anderen Ende eine gemütliche Sitzecke in einem die ganze Raumbreite einnehmenden Erker, von dem aus, wie auf einer Schiffsbrücke, der Blick bis zu den Vogesen reichte. Wenn im Herbst der Nebel als graue Fläche über dem Rheintal hing und von der hügeligen Vorbergzone nur noch einzelne Kuppen zu sehen waren, konnte man sich vermutlich wie ein Steuermann fühlen, der sein Schiff zwischen kleinen Inseln hindurch aufs weite Meer hinaus navigierte.

Und da saß er, der ältere Bruder, Irmfried Brendel, 93 Jahre, wie wir später erfuhren. Blütenweißes Hemd mit Manschettenknöpfen, markante Gesichtszüge, freundlich interessierter Blick. Entschuldigte sein etwas mühsames Aufstehen mit einer gerade überstandenen Hüft-OP, gab erst Corinna, dann mir die Hand. Wir stellten uns vor, nahmen Platz in der Kapitänsrunde, zu der sich auch Rüdiger, der inzwischen sein Sportoutfit gegen legere Freizeitkleidung getauscht hatte, hinzugesellte. Was für ein Unterschied! Der eine ganz Grandseigneur, der andere, immerhin auch schon Anfang 80, mit noch fast jugendlicher Ausstrahlung.

Und unversehens befanden wir uns mitten im Gespräch. Erfuhren von dem beruflichen Hintergrund der beiden, dem Ingenieurbüro für Stahlbau des Älteren, der Tätigkeit des Jüngeren als promovierter Apotheker in der Pharmaindustrie, sprachen über Bergwandern, Musik und Bücherschreiben und landeten schließlich bei unserer Suche nach einem Haus.

»Eine meiner zwei Ferienwohnungen könnte ich Ihnen verkaufen. Oder auch«, mit diesen Worten schob Irmfried Brendel eine aufgefaltete Planskizze über den Couchtisch, »einen Teil meines Grundstücks. So könnte es werden, schauen Sie«. Zu sehen war der Entwurf eines Wohnhauses, das unterhalb des Brendelschen Anwesens an den Hang gebaut war. »Das Ganze würde etwa 400.000 Euro kosten.« Unser Gegenüber lächelte uns einladend an, und wir wussten nicht, was wir sagen sollten. Ein neues Haus in dieser exklusiven Lage oberhalb von Badenweiler für 400.000 Euro? Das konnte schlichtweg nicht sein. Vielleicht meinte der alte Herr nur das Grundstück. Oder das Haus. Jedenfalls nur eins von beiden. Und schon das überstieg unsere Möglichkeiten. Wir bedankten uns für das freundliche Angebot, versprachen, es uns durch den Kopf gehen zu lassen und standen auf. Unsere Zweifel konnten wir ja erst einmal für uns behalten. Beim Gang durchs Treppenhaus, Irmfried Brendel ließ es sich nicht nehmen, uns trotz Gehhilfe nach draußen zu begleiten, kamen wir am Hallenbad vorbei.

»In den Wohnungen gibt es übrigens auch ein Lämpchen, das anzeigt, ob es gerade benutzt wird. Falls man ungestört baden will.«

Sein Bruder schmunzelnd: »Dann kann man sogar nackt baden.«

Ich: »Ach, dafür ist die Abdeckung über dem Becken.«

So verabschiedeten wir uns und gingen zum Auto. Als wir uns zum Winken umdrehten, standen die beiden immer noch lachend in der Haustür und schauten uns nach.

Aus dieser Begegnung am Waldrand entwickelte sich alsbald eine lebendige E-Mail-Korrespondenz. Und immer, wenn Rüdiger Brendel seinen Bruder besuchte, trafen wir uns im Café Decker in Staufen, um bei Kaffee und Kuchen vom unserer Haussuche zu berichten. Und uns auszutauschen über Gott und die Welt. Soweit das bei dem Rummel in diesem weitbekannten Süßigkeiten-Hotspot möglich war. Wir erfuhren, dass er selbst erst vor zehn Jahren sich ein neues Haus gebaut hatte. »Wenn Sie wollen, kann ich Ihnen meine Aufzeichnungen von damals zuschicken. Vielleicht können Sie von meinen Erfahrungen profitieren.« Klar wollten wir.

Und so kam ein paar Tage später mit der Post ein großer Umschlag, in dem sich sein Hausbau-Tagebuch, wie er es nannte, befand. Eine detaillierte Dokumentation, die Rüdiger Brendel während der Bauphase angefertigt hatte. Von den Fortschritten beim Rohbau über die Wahl der Materialien für die Innenausstattung bis zur Gartengestaltung war da alles zu lesen, was überlegt, geprüft und entschieden werden wollte. Und worauf verzichtet werden musste. Die Anschaffung eines Schwedenofens etwa hatte er erst einmal zurückgestellt. Minutiös waren alle Kosten aufgelistet. Man konnte geradezu spüren, dass da einer am Werk gewesen war, der peinlichst genau darauf achtete, auch finanziell nichts aus dem Ruder laufen zu lassen. Das waren hilfreiche Informationen. Am hilfreichsten aber war ein Satz, der Rüdiger Brendel spontan entfuhr, als wir ihm von Freunden berichteten, die unseren Hausträumen und dem damit zu erwarteten Wegzug aus Freiburg mit deutlich geäußerter Skepsis gegenüberstanden. »Sind die denn alle depressiv?«

Das zu hören tat gut. Und zwar von jemandem, der selbst mit 70 sich an ein ähnliches Unternehmen gewagt und es bis heute nicht bereut hatte. Nein, depressiv waren wir nicht. Viel zu gespannt waren wir auf unser neues Zuhause, obwohl wir es noch gar nicht gefunden hatten. Und auf den Weg dorthin, auf dem wir ja jetzt schon eine Weile unterwegs waren.

REICHENBACH
GRILL-ELDORADO

Stippvisite ein paar Tage später bei einem ziemlich versifften Haus in Reichenbach, einem Ortsteil von Lahr. Wieder ohne Makler, denn große Erwartungen hatten wir nicht, soviel war nach den Fotos im Internet schon einmal klar. Aber, wer weiß, vielleicht war die Situation im Original ja besser als vermutet. Und die Gegend um das kleine mittelbadische Städtchen kannten wir noch nicht. Also nichts wie hin.

Doch auch hier wussten wir schon nach einem kurzen Rundgang, dass wir diese Fahrt unter der Rubrik »Satz mit X« ablegen konnten. Nicht nur das Haus selbst, auch die Nachbarschaft war wenig überzeugend. Zum Beispiel die Frau mit dem Besen vor ihrem mit Thuja und Gabionen bewehrten Grundstück, die uns neugierig und zugleich abweisend beobachtete und so aussah, als hätte sie vor uns schon andere Interessenten in die Flucht geschlagen. Oder ein paar Schritte weiter das mit Wagenrädern, Deichseln und Sensen dekorierte Anwesen, das jedem Westernsaloon zur Ehre gereicht hätte. Sein im Vorgarten werkelnder Besitzer kam, im Gegensatz zu seiner Nachbarin, in erkennbar friedfertiger Absicht auf uns zu und versuchte, als wir ihm vom Grund unseres Besuchs erzählten, uns von den Vorzügen seines Wohnquartiers zu überzeugen. »Es ist angenehm ruhig hier, man kann grillen, so oft man will. Und«, er schob seinen breitkrempigen Hut aus der Stirn, »schauen Sie, ist der Ausblick ins Schuttertal nicht einfach wunderbar?« Offensichtlich hatte der Mann die Gabe, den Blick über die wie Rinder auf der Koppel abgestellten Wohnwagen hinweg in die Ferne schweifen zu lassen.

Fasziniert von so viel Sinn für die Schönheiten der Natur verabschiedeten wir uns, um durchs uns bis dahin noch unbekannte und tatsächlich wunderbare Schuttertal wieder heimwärts zu fahren. Der untergehenden Sonne entgegen, wie sonst? Das Getrappel der Hufe und die wehmütigen Mundharmonikaklänge eines musikalischen Cowboys dachten wir uns der Vollständigkeit halber dazu.

HERRISCHRIED
BAUERNHAUS SYNTHETISCH

So tief in den Schwarzwald hatten wir uns bisher noch nicht vor-
gewagt. Über Kirchzarten zum Schauinsland hoch, dann wieder
runter nach Todtnau und wieder rauf nach Todtmoos und höher,
immer höher. Und wir immer stiller. Corinna bemerkte meine mit
jeder Kurve zunehmende Einsilbigkeit: »Aber wunderschöne
Landschaft!«
Da hatte sie ja recht, allein, Begeisterung klang anders. Wie waren wir nur auf die Idee gekommen, unseren Immobilienradius
bis nach Herrischried auszudehnen? Der an den Südhängen des
Schwarzwalds gelegenen, mehrere Ortsteile umfassenden Gemeinde, fast schon in Steinwurfnähe zum Hochrhein und zur
Schweizer Grenze. Doch dieses schicke Bauernhaus, laut Inserat
komplett saniert, wollten wir uns nicht entgehen lassen. Dann
aber auch gleich mit Makler. Wenn schon, denn schon, bei dieser Entfernung fuhr man ja nicht einfach mal so vorbei.
Nun steuerten wir also unser Auto über Straßen kontinuierlich
abnehmender Verkehrswegekategorien, bis wir schließlich in einem weitläufig sich verzweigenden Netz aus Wohnstraßen landeten, vor denen selbst Kathrin kapitulierte, unsere virtuelle
Führerin, die sich aus Altersgründen nicht mehr updaten ließ.
Auch ihre Stimme wurde immer kleinlauter (»drehen Sie wenn
möglich um«), um endlich ganz zu verstummen. Irgendwann
aber, nach mehreren Auskünften von real existierenden Personen am Straßenrand, näherten wir uns einem langgestreckten,
weinrot gestrichenen Gebäude mit grauem Walmdach, dessen
Grundstück an einen Wiesenhang grenzte. Weideland direkt hinter dem Haus, wie schön! Das musste es sein. Glücklicherweise

waren wir so zeitig losgefahren, dass wir uns bis zur Ankunft des Maklers schon mal ein bisschen umschauen konnten. Beim Rundgang um das Haus bemerkten wir, dass die rote Wandverkleidung nicht aus Holz, sondern aus Holzimitat war. Schade, dachten wir, aber wenigstens unbegrenzt haltbar. An der Rückseite lagerten weiße Plastiksäcke, die bis zum Rand mit verwitterten Eternitplatten gefüllt waren und auf ihren Abtransport warteten. Gut so, dachten wir, wenigstens kein Asbest mehr auf dem Dach.

Nach diesen ersten zwiespältigen Eindrücken spazierten wir die Straße ein Stück weiter hoch bis zu einer kleinen Parkanlage mit Teich. Drumherum vereinzelte Bänke mit den obligatorischen Müllkörben. Etwas abseits ein Kiesplatz, offensichtlich das Winterquartier für Dauercamper. Auf der anderen Seite des Platzes eine riesige Halle. »Eissportzentrum Herrischried« stand in großen Buchstaben über dem Eingang. Während Corinna schon langsam zurück zum Haus wollte, musste ich mir das Ganze doch noch schnell etwas näher anschauen. Schließlich ging es ja möglicherweise um neue Perspektiven für unsere Freizeitaktivitäten. Und was ich sah, war durchaus beeindruckend: Neben der Eisfläche gab es mit einem Hallenbad und einem Restaurant noch weitere gesundheits- und geselligkeitsförderliche Einrichtungen. Komisch nur, dass alles etwas ausgestorben wirkte. Zwei ältere Damen auf dem Eis und im Wasser eine kleine Gymnastikgruppe mit Schwimmnudeln. Sonst keine Menschenseele. Allerdings war Nebensaison. Und Mittagszeit. Da sollte man vielleicht nicht zu viel an Zuspruch erwarten.

Ich machte kehrt und war fast schon am Ausgang angelangt, als ich ein Schild mit der Aufschrift Fitnessstudio entdeckte, das ich beim Reinkommen übersehen hatte. Vorsichtig öffnete ich die Tür und entdeckte in der hintersten Ecke des Raums ein einsames Muskelpaket, das stöhnend auf einer Hantelbank lag. Unwillkürlich musste ich an meine Freunde von der Freiburger Turnerschaft denken, mit denen zusammen das Training an den Geräten manchmal zwar schweißtreibend, immer aber auch lustig war. Sollte das hier also mein zukünftiges Sportzentrum sein? Mit einem Gefühl vorauseilender Wehmut – noch war der Umzug ja keine beschlossene Sache – lief ich hinter Corinna her und holte sie kurz vor dem Haus ein. Da näherte sich mit kernigem Sound auch schon ein offener Sportwagen, bog mit Schwung in die Auffahrt ein, um direkt hinter unserem Golf zu halten. Ein Austin-Healey 3000, ein englischer Oldtimer und der große Bruder meines ersten eigenen Autos, eines Austin-Healey Sprite, unter Liebhabern Froschauge genannt. Die Fahrertür wurde aufgestoßen, heraus schälte sich ein Mann mittleren Alters, Typ Playboy: lange silbrige Mähne, ein Schal lässig um den Hals geworfen, Safari-Jacke, Designerjeans. Unser Makler.

Wir begrüßten uns, er zückte einen Schlüsselbund, und auf dem Weg zum Haus konnte ich mich einfach nicht bremsen, ich musste ihm von meiner automobilen Jugendsünde erzählen. »Leider stand er mehr in der Werkstatt als auf der Straße. Aber wenn er mal fuhr – ein Traum.« Darauf der Makler: »Man braucht natürlich noch ein Auto, auf das man sich verlassen kann. Den hier fahre ich nur auf kurzen, möglichst kurvigen Strecken. So wie heute, auch wenn es noch etwas frisch ist hier oben.« Er zog sich seinen Schal enger um den Hals und ergänzte: »Heute ist es mein Volvo, der in der Garage steht.«

Lachend öffnete er die Haustür und forderte uns mit einladender Geste auf einzutreten. Das erste, was wir sahen, waren voluminöse Polstermöbel. Zwei Sessel, ein Sofa, offensichtlich zu Schauzwecken aufgestellt und viel zu groß für die niedrige, ansonsten leere Stube. Das zweite war der Bodenbelag. Keine urig knarzenden Dielen, sondern leicht schwammig verlegte Laminatplatten in aufdringlichem Kieferndekor. Das dritte waren die weiß gestrichene Raufasertapete und die ebenfalls weiß und dick übertünchten Balken und Stützen. Alles von zahlreichen, in die Decke eingelassenen Spots wirkungsvoll in Szene gesetzt. Von der ehemals bäuerlichen Atmosphäre war nichts mehr zu spüren. Und so ging es weiter. Die Treppenstufen ins ausgebaute Dachgeschoss verdeckte graublaue Auslegware, das Geländer auf einer neu eingebauten Galerie war nur unzureichend befestigt und wackelte schon bei der bloßen Berührung, vor die Bodenleisten schludrig montierte Heizschienen sahen nicht so aus, als könnten sie an kalten Wintertagen für ausreichende Wärme sorgen. Einzig die Sanitärausstattung war vom Feinsten. Nur dass die großen weißen Fliesen hochkant statt quer an die Wände geklebt waren. Okay, man konnte das so machen, vielleicht wollte man dadurch das Bad und die Gästetoilette höher erscheinen lassen. Aber auch das wirkte unpassend und völlig überdimensioniert. Erst beim Verlassen des Hauses fiel uns die, natürlich, weiß lackierte Eingangstür auf: Scheiben und Profile in barocken Schwüngen, Griff und Beschläge in goldenem Glanz.

Bei dem Versuch, dem alten Haus seinen ursprünglichen Charakter zu belassen und ihm gleichzeitig einen modernen Anstrich zu geben, hatte man ganz offensichtlich die Orientierung verloren. Herausgekommen war ein Mix aus Fachwerkromantik und coolem Design. Während der Makler noch wortreich die Vorzüge des ländlichen Wohnens pries, hatten wir uns innerlich längst verabschiedet. Ein Bauernhaus in Herrischried? Das hatten wir uns anders vorgestellt.

 Innerhalb einer guten Woche hatten wir drei ganz unterschiedliche Häuser besichtigt. Nach der Winterflaute gab es nun endlich wieder Bewegung auf dem Immobilienmarkt. Erst einmal aber hatten wir die alten Zweifel hinter uns lassen müssen, die uns in den letzten Monaten, als so gar nichts lief, erneut gekommen waren. Sollten wir unseren Haustraum überhaupt weiter verfolgen, wo sich die familiäre Situation doch von Jahr zu Jahr veränderte? Wie oft würden unsere Töchter Weihnachten noch bei uns feiern wollen? Oder Ostern? Oder runde Geburtstage? Wir waren ja nicht in Italien, wo es undenkbar war, an wichtigen Feiertagen nicht heimzukommen zur Mamma und der ganzen Verwandtschaft. Vielleicht waren unsere Vorstellungen von einem großen Haus mit Platz für alle ja längst überholt, nur romantische, sentimentale Anwandlungen von Eltern, die nicht loslassen konnten. Vielleicht entsprachen sie gar nicht den Bedürfnissen junger Paare, neue, eigene Rituale des Miteinanders, gerade an Feiertagen, auszuprobieren, eigene Familientraditionen zu entwickeln. Und: Waren die Verhältnisse in unserer Eigentümergemeinschaft denn wirklich so schlimm, dass wir gleich wegziehen mussten? Es gab doch auch positive Argumente fürs benachbarte Wohnen, gerade im Blick aufs Älterwerden.

Es war verlockend, diesen Gedanken nachzugeben. Der finanzielle Aspekt kam noch hinzu. Der Kredit war abgezahlt, die Kinder standen auf eigenen Füßen, es gab erstmals Spielraum für teure Hobbys, edle Outfits, ein Fünf-Gänge-Menü hier, eine Kreuzfahrt da. Wie hieß es doch so schön in der Radiowerbung, wo der kleine Junge sagt: Endlich mal einen Wal sehen! An Phantasien, so klischeehaft sie auch sein mochten, hatte es jedenfalls keinen Mangel.

Gleichzeitig, und das war eine geradezu wohltuende Entdeckung, spürten wir, dass der eigentliche Antrieb für die Haussuche in uns selbst lag, dass unsere vermeintliche Eltern- und Großelternrolle als Begründung nicht herhalten musste. So wie sich unsere Töchter mit ihren Familien von uns emanzipierten, mussten wir uns als Paar auch von ihnen emanzipieren. Und von allen anderen Versprechungen eines Lebensabends in räumlich zwar begrenzten, dafür aber gesicherten, auskömmlichen Verhältnissen.

Mit Beginn des Frühlings fühlte sich das an wie ein neuer Aufbruch. Zumal Barbara, Theresa und Miriam längst verstanden hatten, dass wir uns noch einmal anders orientieren wollten. Und mitfieberten, wenn ein interessantes, passend erscheinendes Objekt in Sicht war. Manche der Angebote, die uns nun ins Haus flatterten, kannten wir schon aus dem letzten Jahr, teils mit jetzt reduzierten, teils mit unveränderten Preisen. Die Mehrzahl aber war neu. So starteten wir mit frischem Schwung in die Saison. Und versuchten, möglichen Enttäuschungen vorbeugend, die Fahrten einfach als schöne Ausflüge zu deklarieren, als nette Abwechslung von der mit der Zeit etwas trockenen winterlichen Bildschirmsuche. Dass wir dabei in uns noch unbekannte Gegenden kamen, war ein willkommener Nebeneffekt. Lerne deine Heimat kennen: Dieses Motto nahmen wir gerne mit.

HÄUSERRALLYE
IM DREISAMTAL

Doch stopp! Mussten wir denn unbedingt in die Ferne schweifen? Lag das Gute nicht so nah? Vielleicht sollten wir unseren Goethe mal beim Wort nehmen. Und einfach über die Dörfer fahren. Eschbach, Wittental, Attental, idyllisch gelegene Wohngebiete im Dreisamtal, wo wir schon tausendmal spazieren gegangen waren, aber nie auf leerstehende Häuser geachtet hatten. Einen Versuch war es allemal wert. Eine Art Häuserrallye ins Blaue, nur ohne Zeitlimit, es hatte ja keine Eile.

Ein paar Tage später hatten wir alles abgegrast. Kein Treffer! Nirgends! Natürlich gab es da ein paar Häuser, die auf den ersten Blick so aussahen, als seien sie unbewohnt. Beim Näherkommen aber entdeckten wir neue Namensschilder an den Briefkästen, verschmutzte Fußabtreter vor den Haustüren oder frisch umgegrabene Gemüsebeete – das sah alles nicht nach Leerstand aus. Dennoch: Sollten wir nicht einfach klingeln und fragen, ob in der Nachbarschaft zufälligerweise etwas frei geworden sei? Vielleicht war ja die nette alte Dame von nebenan gerade ins Pflegeheim gezogen. Vielleicht konnte die junge Familie den Kredit nicht mehr bedienen. Vielleicht hatte der alleinstehende Anwalt ein Jobangebot aus Hamburg bekommen, das man keinesfalls ausschlagen durfte. Unsere Phantasie ging mal wieder mit uns durch. Doch Gründe zum Verkauf gab es ja genug.

»Mit ein bisschen Glück begegnen wir genau im richtigen Augenblick am richtigen Ort dem richtigen Mensch mit dem richtigen Haus.« Corinna schaute mich zweifelnd an. Wirklich überzeugt hatte ich wohl nicht geklungen. »Das glaubst du doch selbst nicht. Die guten Sachen gehen doch alle unter der Hand weg.

Außerdem sind mir das ein paar Vielleichts zu viel.« Womit sie natürlich Recht hatte. Man musste die Leute persönlich kennen, sonst hatte man keine Chance.

Und dann war da noch diese Kleinzeige in der Zeitungsbeilage. Unscheinbar und leicht zu übersehen. Nicht aber für Corinna, deren Augen geradezu geeicht waren auf private Annoncen. Ein Wochenendhäuschen am Bach. Nur ein paar Kilometer entfernt. Klang idyllisch. Konnte das was sein? Ging da noch was? Wo wir die Umgebung doch schon abgeschrieben hatten. Während ich ziemlich elektrisiert war und gleich anrufen wollte, winkte Corinna ab. »Keine Lust. Ist doch sowieso nicht das, was wir suchen. Viel zu klein. Und nur zur Miete. Aber wenn du meinst, schau's dir an.«

Also fuhr ich alleine los. Wagensteigtal Richtung Sankt Märgen, hinter Buchenbach links ab und einen asphaltierten Wirtschaftsweg den Berg hoch bis zu dem Hof mit einem Futtersilo gleich neben dem Stall. So war es mir am Telefon beschrieben worden. Ich parkte das Auto neben einem Steg, der über den Bach führte. Auf der anderen Seite stand es, das Wochenendhäuschen. Wie gemalt: Bruchsteinwände, zwei Sprossenfenster, Satteldach mit Schornstein, an der Rückseite ein Schopf mit Holzvorräten. Holunder- und Haselnusssträucher als Einfassung eines kleinen Wiesenstücks mit Grillstelle. Nach ein paar Minuten näherte sich ein älterer Mann im Arbeitskittel und mit Gummistiefeln, der Bauer, mit dem ich telefoniert hatte. Kräftiger Händedruck, klar, er öffnete die Tür, wir betraten die Stube. Eine gemütliche Eckbank mit Tisch, eine alte Kommode, ein einfaches Regal. Und ein alter Herd mit umlaufender Stange zum Trocknen der Handtücher, der zugleich als Ofen diente und mit Holz befeuert werden konnte.

»Oben im Dachspitz kann man schlafen. Halten Sie sich gut fest.« Vorsichtig kletterte ich die an eine schmale Deckenluke gelehnte Leiter hoch. Durch ein kleines Dachfenster fiel Licht auf ein Matratzenlager. Uralt Rosshaar, strenger Duft. Gut, das ließ sich ändern, zumindest zwei Feldbetten würde man hier aufstellen können.

»Und Toilette, Dusche, Spülbecken?« Ich schaute mich etwas ratlos um.

»Im Sommer kann man sich am Bach waschen und Wasser zum Kochen und Abspülen holen.« Er grinste mich an. »Ansonsten drüben bei uns. Kommen Sie, ich zeig's Ihnen.«

Ein bisschen wortkarg, aber nicht ohne Witz, dachte ich, so ist sie, die Landbevölkerung. Und lief hinter dem Vermieter her, der das Bauernhaus schon fast erreicht hatte. Ein paar Schritte weiter blieb er vor einem langgestreckten, niedrigen Gebäude stehen und öffnete eine zweiflügelige Tür. »Kommen Sie nur weiter, hier ist es gleich.«

Dämmerlicht. Das Geräusch von genüsslich malmenden Kuhmäulern. Der Geruch von Gülle und Heu. Fliegenschwärme über einem schräg einfallenden Sonnenstrahl. Und Schwalben, die unter dem tiefliegenden Gebälk hinweg durch die geöffneten Stallfenster segelten.

Wir gingen die Futterrinne entlang und betraten einen kleinen Raum mit gelblichen Fliesen an den Wänden, der offensichtlich zum Abstellen der Milcheimer diente.

»Hier können Sie duschen, und hier ist das Klo.«

Im trüben Schein einer von der Decke hängenden Glühbirne erkannte ich eine Duschwanne mit buntem Plastikvorhang, daneben einen Verschlag, hinter dem sich anscheinend die Toilette verbarg. Das waren sie also, die Sanitäreinrichtungen, von denen er gesprochen hatte.

Ziemlich schnell waren wir wieder draußen. Gewiss mochte das Landleben seine Reize haben, allerdings nur in bekömmlicher Dosierung. Und die hier war eindeutig zu hoch. An Corinna brauchte ich da gar erst nicht denken. Ich bedankte mich für den interessanten Rundgang und wollte gerade zum Auto zurück, als mein Führer einen Schritt auf mich zu machte. »Vielleicht noch einen Birnenschnaps vor der Rückfahrt? Selbstgebrannt. Ein Gläschen«, wieder dieser verschmitzte Ausdruck um die Mundwinkel, »wirft einen ja nicht gleich um«.

Der Mann hat Recht, dachte ich. Und schon saßen wir mit baumelnden Beinen auf der Ladefläche eines Anhängers und fingen an zu reden. Das heißt, reden tat eigentlich er. Irgendwie schien meine Absage, schon vor dem Schnaps, seine Zunge gelöst zu haben. Wer weiß, vielleicht hatte er es auch als Erleichterung empfunden, sich mit der Vermietung noch nicht festlegen zu müssen, niemand Fremdes auf den Hof zu holen, so sympathisch man sich auch sein mochte. Das Leben war schon kompliziert genug. Gerade erst hatte er den gesamten Besitz auf seinen Sohn überschrieben, arbeitete zwar noch mit, aber eben nicht mehr in eigener Verantwortung. Sicher, die jungen Leute mussten ihren eigenen Weg finden, er hatte lange genug gezeigt, wie es geht. Dafür, und das war ja ein Privileg, blieb jetzt mehr Zeit für die Politik. Nicht die große, die war weit weg. Obwohl, der Klimawandel, das AKW Fessenheim, die Milchpreise, da konnte man nicht trennen zwischen hier bei uns und denen in Berlin. Hier, in der eigenen Gemeinde, war er jetzt in einem Gremium, da mischte er sich ein, da hatte er ein Auge drauf, wie man mit ihnen, den Bauern, und mit der Landwirtschaft umging. Sie waren ja immer noch diejenigen, die die Grundversorgung sicherten. Und das musste auch so bleiben.

Er redete sich immer mehr in Rage, ich saß daneben und konnte nur ab und zu ein Stichwort einwerfen, was ihn umso mehr befeuerte. Doch als ich ganz vorsichtig versuchte, auf mein Thema zurückzukommen, winkte er nur ab. »Ein Grundstück zum Bauen? Können Sie vergessen. Das bleibt alles in der Familie.«

So verabschiedete ich mich dann doch etwas desillusioniert von meinem zuletzt so redseligen Gesprächspartner. Birnenschnaps hin oder her – da war nichts zu machen. Wieder zuhause, berich-

tete ich Corinna von meinem Erlebnis. »Gut, dass ich nicht mit-
gefahren bin. Aber wenigstens sind wir jetzt um eine Erkenntnis
reicher: Hier in der Nachbarschaft brauchen wir es nicht mehr zu
versuchen.«

KIRNBACH
WERKSTATT AUF DER WIESE

Gäbe es eine Rangfolge »immobiliärer« Herzensangelegenheiten, Kirnbach hätte einen absoluten Spitzenplatz. Über Monate hinweg beschäftigten wir uns mit dem Gedanken, ein ehemaliges Werkstattgebäude zu einem Wohnhaus umzubauen. Was heißt beschäftigten? Wir waren fasziniert von dieser Idee, von der Vorstellung, ganz anders zu wohnen, anders als alles, was wir bisher besichtigt hatten. Und dann auch noch dort, wo wir uns schon einmal fast wie zuhause gefühlt hatten: im Kinzigtal.

Diesmal war es nicht Schiltach, sondern Kirnbach, das sich als eine Art Streuobst-Siedlung den Berg hinauf zog bis hin zu einer alten Kirche und einer Mehrzweckhalle als lebendigem Mittelpunkt des zu Wolfach gehörenden Ortsteils.

Haus mit angrenzendem Werkstattgebäude, so hatte es bei ImmoScout24 gestanden. Das wollten wir uns genauer anschauen. Wir telefonierten mit dem Makler und vereinbarten einen Termin. Schiltach hatten wir erst Mitte März endgültig abgesagt, und jetzt, gerade mal vier Wochen später, waren wir schon wieder unterwegs in dieselbe Richtung.

Die Strecke mit dem Wechsel von dunklem Tann und lichten Laubwäldern, mit den zwischen sanften Hügeln verteilten Gehöften und der gemächlich dahinfließenden Kinzig kannten wir ja bereits von unseren ersten Fahrten im vergangenen Herbst. Jetzt aber zeigte sich uns ein ganz anderes Landschaftsbild. Alles leuchtete in Frühlingsfarben, alles war wie neu.

Kurz vor Wolfach verließen wir die B249 und bogen in die Talstraße ein, die hoch nach Kirnbach führte. Hatten wir die Fahrt bis hierher schon genossen, so waren wir von diesen letzten vier

Kilometern geradezu entzückt. Schwarzwaldhäuser mit den für die Gegend typischen weiß verfugten grauen Granitsockeln, liebevoll angelegte Gärten, blühende Wiesen bis hoch zum Waldrand, mächtige alte Bäume, die die schmale kurvige Straße säumten. Und der dem Ort seinen Namen gebende Bach, der zwischen Felsbrocken und gemauerten Einfassungen direkt neben der Straße ins Tal hinunter plätscherte. Naturidylle in Reinkultur, von den hier lebenden Menschen gehegt und gepflegt. Bilderbuchlandschaft: Hier war der Ausdruck wirklich angebracht.

Eine letzte Biegung noch, dann sahen wir sie, die zwei durch einen überdachten Zwischentrakt miteinander verbundenen Gebäude, ein paar Schritte nur vom Bach entfernt, den man auf einer schmalen Zufahrt überqueren musste, um zum Eingang zu gelangen. Vorne eine Wildnis aus Gemüsebeeten und Beerensträuchern, hinten am Hang ein paar Obstbäume. Offensichtlich war hier schon lange nichts mehr gemacht worden.

Der Makler und die Eigentümerin erwarteten uns bereits. Wir traten in die Stube, die von einem riesigen, in anthroposophischen Rundungen aufgebauten und weiß verputzten Kachelofen dominiert wurde. An einigen Stellen setzten rote Ziegelsteinblenden dekorative Akzente. Ein Highlight des Hauses, wie der Makler hervorhob. Gut, über Geschmack ließ sich nicht streiten, der Ofen war sicherlich der ganze Stolz der Eigentümerin. Doch uns schreckte er eher ab. Der weitere Rundgang durch das Haus konnte diesen ersten zwiespältigen Eindruck leider nicht wettmachen. Alles war eng, verbaut, nur halbherzig modernisiert und teilweise sogar sanierungsbedürftig.

Corinna und ich tauschten schnell einen Blick. Auch ohne Worte war uns beiden klar, dass das Wohnhaus nicht in Frage kam. Doch wie sah es mit Teil zwei des Angebots, dem Werkstattgebäude aus? Von außen hatte es uns sofort interessiert. Einstöckig mit schönen Sprossenfenstern, schlossgelb gestrichenes

Mauerwerk, hohes, mit roten Ziegeln neu eingedecktes Satteldach. Obwohl der Putz an einigen Stellen bröckelte, machte das
Ganze einen soliden Eindruck. Und dann gab es noch eine Dop-
pelgarage mit aufgesetztem Geschoss, die unmittelbar an die
dem Wohnhaus zugewandte Giebelseite angrenzte. Wie hier
wohl die Zuordnung war?

Inzwischen hatten wir das Wohnhaus verlassen. Als hätte er unsere Gedanken erraten, blieb der Makler kurz stehen. »Wir bieten das Nebengebäude auch einzeln an, inklusive Garage und
Appartement.« Er deutete auf eine Treppe, die außen an der
Garagenwand hochführte. »Es hat einen separaten Zugang, ist
eingerichtet und kann sofort bezogen werden. Doch jetzt zeige
ich Ihnen erst einmal die Werkstatt.« Er öffnete die Eingangstür,
wir traten ein.

Wie großzügig die Abmessungen waren, sahen wir so richtig erst
jetzt von innen. Zwei Räume mit jeweils etwa 40 Quadratmetern.
Eine Deckenhöhe von etwa vier Metern. Der vordere Raum, von
dem aus eine Holztreppe ins Dachgeschoss führte, hatte wohl
bis vor kurzem als Büro und Besprechungsraum gedient. Ein
Schreibtisch, ein Wandregal mit Aktenordnern, ein langer Tisch
mit Stühlen drum herum, ein offenstehender Schrank mit Jäger-
kleidung und einem Waldhorn im obersten Fach: Alles sah so
aus, als wäre es gerade noch benutzt worden.

»Der Eigentümer ist leider vor einem Jahr verstorben.« Der Makler zeigte auf den Schrank. »Er war Förster, wie Sie sehen können, und im Vereinsleben sehr aktiv. Hier hat er seine Büroarbeit
erledigt und zu Versammlungen eingeladen.«

Förster! Das war doch auch mein Großvater gewesen, bevor er
eine wissenschaftliche Laufbahn eingeschlagen hatte und
schließlich als Professor für Waldbau an die Universität Freiburg
berufen worden war. Eine schöne Verbindung, wer weiß, vielleicht konnte sie uns bei den weiteren Verhandlungen noch von
Nutzen sein.

Der Makler öffnete die Tür zu dem hinteren Raum. Eine Kreissäge, jede Menge Werkzeug an den Wänden und Holzspäne auf dem Boden. »Hier war früher eine Schreinerwerkstatt, die hat er so belassen, ebenso das Holzlager unterm Dach.« Wir stiegen die Treppe nach oben. »Und hier können Sie sich austoben, wenn Sie noch mehr Wohnraum brauchen. Der gesamte Dachstuhl ist neu. Die Geschossdecke ist absolut sicher, die hält die wildesten Feten aus. Schauen Sie!« Er machte ein paar Luftsprünge, um die Stabilität der Balken zu demonstrieren. »So, jetzt zeige ich Ihnen noch etwas.«

Wir traten wieder ins Freie und umrundeten das Gebäude. »Sehen Sie den Betondeckel da oben in der Wiese? Darunter befindet sich eine gefasste Quelle, damit können Sie im Sommer den Garten bewässern. Das kostet Sie keinen Cent.« Erwartungsvoll schaute er uns an. Wir waren beeindruckt, was wir ihm entsprechend zeigten.

Zurück im Haupthaus, setzten wir uns an den in der Stube stehenden Tisch, um zu besprechen, wie es weitergehen könnte. Die Eigentümerin hatte während unseres Rundgangs Tee aufgebrüht. Ja, wie sollte es weitergehen? Corinna ergriff das Wort. »Sie haben da ein wirklich schönes Ensemble, aber leider sind beide Häuser zusammen eine Nummer zu groß für uns. Doch das Werkstattgebäude alleine, das könnten wir uns vorstellen. An welche Summe denken Sie denn?«

In der Internetanzeige war nur ein Gesamtbetrag von 340.000 Euro genannt worden. Jetzt wurde es spannend.

»135.000 Euro. Wie gesagt, die Garage und das Appartement gehören dazu. Und natürlich die Quelle. Und«, der Makler machte eine bedeutungsvolle Pause, »ich hätte da etwas für Sie, was Ihnen die Entscheidung erleichtern könnte«, sagte er und faltete einen Papierbogen auseinander, auf dem die Grundrisse vom Erdgeschoss und vom Dachgeschoss zu sehen waren. »Es gab vor Ihnen schon einmal Interessenten, für die diese Pläne angefertigt wurden. Leider kam es zu keinem Abschluss. Aber so oder so ähnlich könnte es werden. Der Architekt, der die Pläne gemacht hat, arbeitet für eine Firma, die sich auf Holzhäuser und den Ausbau alter Gebäude spezialisiert hat. Wenn Sie wollen, kann ich Ihnen den Kontakt vermitteln.«

Klar wollten wir. Das war mehr, als wir erwartet hatten. Plötzlich wurde die Idee vom eigenen Haus ganz konkret: eine offene Raumsituation mit Küche, Wohn- und Essbereich im Erdgeschoss. Im Dachgeschoss vier Zimmer. Dazu zwei Bäder und ein Hauswirtschaftsraum. Insgesamt eine Fläche von rund 160 Quadratmetern. Mehr als genug, um jede Menge Besuch unterzubringen. Ein Neubau im alten Gemäuer. Auf unsere Bedürfnisse zugeschnitten. Ein Haus, wie es kein zweites gab.

Wieder zuhause rief ich meine Mutter an. Trotz ihres hohen Alters nahm sie regen Anteil an unseren Umzugsplänen. Und war bei schwierigen Entscheidungen immer noch eine gute Ratgeberin. Ich berichtete von unserer Fahrt und dem Rundgang durch das Haus. »Stell Dir vor, der Besitzer war Forstamtsleiter in Wolfach.« Ihre Antwort kam prompt. »Der Opali«, so hatten wir Enkelkinder unseren Großvater genannt, »der Opali hatte seine erste Stelle in Wolfach. Ist das ein Zufall! Er hat immer gerne von dieser Zeit erzählt«. Zufall? War das nicht eher ein Zeichen? Wieder einmal? Ein Wink des Schicksals, dass aus dem Ganzen etwas werden könnte?

Eine Woche später saß der Architekt bei uns in Freiburg im Wohnzimmer und notierte sich die von uns gewünschten Änderungen. Praktischerweise wohnte er ganz in unserer Nähe, so dass er vor seinem Bürotag noch kurz vorbeikommen konnte. Schon bald darauf meldete er sich am Telefon. »Die Pläne sind fertig. Ich schlage vor, wir treffen uns vor Ort. Ich bringe auch gleich unseren Statiker mit. Dann gehen wir bei der neuen Nutzung auf Nummer sicher.«

Und so fuhren wir kaum zwei Wochen nach unserer ersten Besichtigung wieder nach Kirnbach. Es war noch einmal ziemlich kalt geworden, auf den Wiesen glitzerte Raureif in der Sonne. Wir hatten Kaffee in einer Thermoskanne dabei und Butterbrezeln für die ganze Runde. Das Werkstattgebäude war unbeheizt und entsprechend ungemütlich. Die Stimmung rund um den Besprechungstisch aber hätte besser nicht sein können. Die modifizierte Raumaufteilung war genauso, wie wir es besprochen hatten. Der Standort einer Gastherme, der Verlauf der Wasser- und Stromleitungen sowie die notwendigen energetischen Maßnahmen, Innendämmung der Wände und des Dachstuhls, waren bereits skizziert. Die Tragfähigkeit der Geschossdecke wurde bestätigt. Alles sah so aus, als könnten die Handwerker gleich loslegen. Nur noch ein abschließender Rundgang um das Gebäude. Doch da setzte der Statiker für uns ganz unerwartet ein Fragezeichen. Er blieb an der hangseitigen Hausecke stehen und deutete auf das Mauerwerk und das Fundament. »Sehen Sie die feinen Risse im Putz? Und wie die Wand auf der Bodenplatte aufsitzt? Sieht so aus, als hätte sich das Ganze im Lauf der Jahre leicht verschoben.« Er bemerkte unsere erschrockenen Gesichter. »Das muss jetzt noch nichts heißen. Aber irgendeine Ursache für die Bewegung im Mauerwerk muss es geben. Wir sollten sicherheitshalber die Drainage und am besten auch gleich die Stabilität der Bodenplatte überprüfen.«

»Und das bedeutet was?« Auch der Makler wirkte jetzt beunruhigt. Sollte etwa so kurz vor einem möglichen Abschluss noch etwas dazwischenkommen?

Zurück im Haus, erfuhren wir, dass es keine weiteren Informationen zur Drainage und zur Bodenplatte gab. Die Drainage war laut Eigentümerin rund zehn Jahre zuvor erneuert worden, doch von etwaigen Konstruktionszeichnungen wusste sie nichts. Sie könne aber noch einmal in den Unterlagen ihres Mannes nachschauen. Das klang alles nicht gut. Natürlich war die Sicherheit der Statik bei einer Umnutzung zum Wohngebäude unabdingbar. Wegen der fehlenden Unterkellerung war die Bodenplatte im wahrsten Sinne des Wortes das Fundament, auf dem wir bauen würden. Zwar nicht auf Sand als Grund, doch möglicherweise auf einem durch die Quelle verursachten rutschenden Hang.

Was also tun? Der Architekt und sein Statiker schauten sich an. »Wir können nur empfehlen, den betroffenen Bereich aufzugraben, die Drainage neu zu verlegen und die Bodenplatte an den Ecken mit einer Betonummantelung zu verstärken.«

Das wollten wir jetzt genau wissen. »Von welchem Betrag reden wir da?«

»Mit 20.000 Euro mindestens müssen Sie rechnen.«

Okay, die Frage war nur, ob sich das auf den Kaufpreis auswirken würde. Doch hierzu gab es weder von der Eigentümerin noch von dem Makler ein Signal des Entgegenkommens. Wenigstens bauseits bestand nun aber Klarheit. Zu den Ausbaukosten von 250.000 Euro, die uns der Architekt bei der Erläuterung seiner Skizze genannt hatte, kamen also noch die Kosten für Drainage und Fundament. Zusammen mit dem Kaufpreis ergab das eine Summe, die deutlich über unserem Limit lag.

Wir vereinbarten eine Zeitspanne von 14 Tagen, um uns das Ganze noch einmal durch den Kopf gehen lassen zu können. Immerhin drängte der Makler nicht auf eine schnelle Entscheidung. Immerhin? Vermutlich waren wir im Augenblick die einzigen Interessenten. Einfach war es wohl nicht, diese sehr spezielle Immobilie an den Mann zu bringen.

Trotz des eigentlich enttäuschenden Ergebnisses dieses zweiten Treffens, vielleicht aber auch gerade deshalb, wollten wir uns vor der Heimfahrt die Umgebung noch etwas genauer anschauen. Ein Gefühl bekommen für diesen Ort, der so idyllisch zwischen den Wiesen und Hügeln eingebettet lag. Ein paar Meter die Talstraße hoch, zweigte ein Weg zu der Kirche ab, die wir bisher nur durch die Fenster des Werkstattgebäudes gesehen hatten. Von einem kleinen Friedhof umgeben, wirkte die gesamte Anlage wie ein Gemälde aus alter Zeit. Die Kirchentür stand offen, wir traten ein. Der Innenraum war behutsam und mit sicherem Gespür für die verwendeten Materialien renoviert worden. Schöne ziegelrote Bodenfliesen, Gestühl und Kanzel aus lasiertem Buchenholz, im Chorraum hinter dem schlichten Altar ein hohes Fenster mit Glasmalerei in Rot, Gelb und Blau. Eines der Seitenfenster zeigte ein Paar in bäuerlicher Tracht. Sie mit dem berühmten Schwarzwälder Bollenhut, dessen Ursprung, wie wir zuhause nachlesen konnten, hier in Kirnbach lag.

Jenseits der Straße, weit oben am Hang, stand das Pfarrhaus, ein repräsentatives Gebäude, vermutlich vom Beginn des 20. Jahrhunderts, von wo aus man einen weiten Blick über das Tal hatte. Wir liefen noch ein paar Schritte bis zum Waldrand und machten es uns auf einer dort wie extra für uns aufgestellten Liegebank bequem. Über uns der weißblaue Wolkenhimmel, unter uns das grüne Tal mit verstreut in den Wiesen liegenden Höfen. Ein bisschen wie verzaubert, so fühlten wir uns, als wir da oben lagen und den Blick und die Gedanken schweifen ließen. Fast zu schön, viel zu kitschig? Egal, wir beschlossen, noch nicht abzuschließen mit diesem Ort und diesem Haus, diesem Angebot, so unsicher es bis jetzt auch noch war.

Auf der Heimfahrt gingen wir die problematischen Punkte noch einmal durch. Die Quelle: Wie genau war der unterirdische Verlauf? Bedrohte das Wasser womöglich die Statik des Gebäudes? Der Bach: Den hatten wir noch gar nicht berücksichtigt. Gab es eine Überschwemmungsgefahr bei längerem Starkregen? Sturmtiefs wie »Elvira« und »Friederike« hatten ja schon zu verheerenden Hochwasserschäden geführt, auch in Regionen, die nicht als gefährdet galten. Dann das die beiden Gebäude verbindende Dach: Wie sah es da mit dem Brandschutz aus? Die Baugenehmigung: Lag die schon vor, oder war sie wenigstens schon beantragt worden? Das Grundstück: Musste die Teilung zwischen

Haupthaus und Werkstatt nicht notariell beglaubigt werden? Und schließlich die Anbindung an Wolfach: Es gab kein öffentliches Verkehrsmittel, nur einen Schulbus, den man benutzen konnte. Wir mussten also damit rechnen, auf das Auto angewiesen zu sein, wenn wir einkaufen oder sonst etwas erledigen wollten.

Wieder zuhause, machten wir uns an die Arbeit. Ich hängte mich ans Telefon. Der erste Anruf galt dem Wolfacher Rathaus. Ich wurde zur Bauverwaltung durchgestellt und schilderte der zuständigen Mitarbeiterin, was uns beschäftigte.

»Zum Hochwasser kann ich leider nichts sagen.« Ich spürte, dass das auch für sie ein schwieriges Thema war. »Aber es gibt eine Hochwassergefahrenkarte, da sind die entsprechenden Gebiete genau markiert. Ich schicke Ihnen gerne den Link. Eine Baugenehmigung für die Umnutzung des Gebäudes gibt es meines Wissens nicht. Zuständig ist da der Kreisbaumeister. Am besten, Ihr Architekt schickt ihm die Pläne, dann kann Ihr Antrag geprüft werden.« Jetzt wussten wir immerhin, was als Nächstes zu tun war. Eine Sache lag mir noch am Herzen: »Wie sind denn überhaupt die Perspektiven für diesen Ortsteil? Im Moment wirkt er ja ein bisschen abgehängt.«

»Da haben Sie Recht. Aber Kirnbach ist ein wichtiger Teil unseres mittelfristigen Entwicklungsplans für Wolfach. Wir sprechen intern immer von Kirnbach City. Es gibt da viel Potenzial. Das ehemalige Rathaus, die Gemeindehalle, um nur zwei Punkte zu nennen. Auch der ÖPNV ist natürlich ein Thema. Übrigens«, kurze Pause, »das wird Sie interessieren: Das Karlsruher Institut für Technologie führt alle zwei Jahre zusammen mit der Universität Stuttgart eine Sommeruni für Studierende der Architektur und der Stadtplanung an wechselnden Standorten durch. Dieses Jahr sind wir dran. Das Ganze heißt ›Update Wolfach‹, gemeint ist aber Kirnbach. Es geht dabei um neue Ansätze zu Fragen des Bauens, der Landschaftspflege und des Miteinanders der Bewohner im ländlichen Raum. Es gibt Diskussionsveranstaltungen, Vorträge, Ausstellungen und andere Begegnungsmöglichkeiten. Auch hierzu kann ich Ihnen den Link schicken. Letzte Juliwoche, das wäre doch vielleicht etwas für Sie.«

Das klang alles total spannend. Kirnbach City, Update Wolfach. Vielleicht kamen wir gerade im richtigen Moment, um etwas zu kaufen und uns zu beteiligen. Auf der anderen Seite war die Genehmigung für eine Umnutzung noch nicht erteilt, ja, der Antrag noch nicht einmal gestellt. Wenn es ganz blöd kam, würde sich der Kreisbaumeister stur stellen und ablehnen. Hier war also dringender Handlungsbedarf. Hoffentlich würde der Architekt entsprechend schnell reagieren.

Schnell war jedenfalls die nette Dame von der Bauverwaltung. Noch am selben Tag hatten wir den Link zu der Hochwassergefahrenkarte. Wir öffneten die entsprechende Seite. Und was wir befürchtet hatten: Das Kirnbachtal war überschwemmungsgefährdet, zumindest partiell. Blaue Markierungen zeigten, wo das Wasser den normalerweise tief eingeschnittenen Bachlauf überschreiten würde. Bei unserem Haus war nur ein Teil des Vorgartens blau eingefärbt. Also erst einmal Entwarnung. Doch war auf die amtlichen Berechnungen Verlass? Hundertprozentige Sicherheit würde uns da keiner geben. Wenn wir aber schon beim Thema waren, konnte ich auch gleich den zuständigen Wassermeister und Quellenspezialisten anrufen. Auch hier eine nur vage Auskunft: Normalerweise habe eine gefasste Quelle keine Auswirkungen auf ein benachbartes Gebäude. Das hinge allerdings immer von den jeweiligen Gegebenheiten ab.

Die Tage vergingen. Wir wurden immer unschlüssiger, was Kirnbach betraf. Keine der offenen Fragen war gelöst. Weder der Makler noch die Eigentümerin hatte sich bei uns gemeldet. Sollten wir nicht angesichts der vielen Unwägbarkeiten von dem Werkstattgebäude Abschied nehmen? Wir beschlossen, vor einer endgültigen Entscheidung noch einmal Kontakt mit den Anbietern aufzunehmen und unsere Vorbehalte offen anzusprechen.

Letzten Endes ging es ja um den Kaufpreis, um eine Summe, die uns noch Luft ließ, um auf unvorhergesehene Mehrkosten beim Ausbau reagieren zu können. Ich setzte mich hin und schrieb einen ultimativen Brief, an dessen Ende ich allerdings ein Hintertürchen offen ließ. Vielleicht würde man uns ja doch noch entgegenkommen.

Wir warteten. Was, wenn der Makler sich einfach nicht mehr meldete? Er uns einfach zappeln ließ? So wollten wir es nicht enden lassen. Wir riefen bei der Eigentümerin an und baten um ein Gespräch. Ohne Makler! Sie willigte ein. Vielleicht würden wir auf diese Weise noch etwas bewegen können. Schon am darauffolgenden Tag saßen wir wieder bei ihr in der guten Stube. Und nannten ohne Umschweife einen Höchstbetrag von 100.000 Euro, über den wir angesichts der vielen Unklarheiten, was die bauliche Sicherheit und die rechtlichen Fragen betraf, nicht hinauszugehen bereit seien. Doch unser Gegenüber blieb hart. Sie könne uns da leider nicht entgegenkommen. Dass es im Augenblick keine weiteren Interessenten gebe, hätte sie in diesem Moment allerdings besser nicht erwähnt. Das war ihr vermutlich einfach so rausgerutscht. Pech für sie. Denn damit spielte sie uns natürlich in die Karten. Ein Pokerspiel. Wenn sie mauerte, konnten wir das genauso.

Vor der Rückfahrt stiegen wir den steilen Weg zu der Kirche hoch. Auch heute stand die Tür offen. Wir traten ein und wurden sogleich, wie auch schon beim ersten Mal, von dem harmonischen Zusammenspiel der Farben und Formen gefangen genommen. Wie einfach hier alles schien. So klar und selbstverständlich. Vielleicht sollten wir uns einen Rat von dieser Seite holen. Es war ja nicht nur das Geld, worum es uns ging. Es war ebenso die tausendmal gestellte Frage, wie viel Veränderung wir wollten, wie viel Neuanfang uns gut tun würde.

Wieder zuhause wählte ich die Nummer des Gemeindebüros. Und hatte gleich den Pfarrer am Apparat. Ich schilderte ihm die

Situation und kam auf unsere Zweifel zu sprechen. »Ich dachte, vielleicht könnten Sie uns etwas über Ihre Gemeinde erzählen, über das Gemeindeleben in Kirnbach. Uns vielleicht helfen bei unserer Entscheidung. Eine Art Umzugsseelsorge, die könnten wir brauchen.« Ich weiß nicht, ob er wirklich verstand, was ich meinte, und so richtig wusste ich es ja selbst nicht. Auf jeden Fall lud er uns zu einem Gespräch ein, wann immer wir es wollten.

Während wir also einerseits auf Zuspruch aus Kirnbach hofften, mussten wir uns andererseits einem unerwarteten familiären Großangriff erwehren. Außer meiner Mutter und den Freunden hielten wir vor allem unsere Töchter auf dem Laufenden. Dass alle drei von unseren Umzugsplänen nicht gerade begeistert waren, hatten wir schon länger bemerkt.

»Habt Ihr Euch das auch gut überlegt? Alles aufgeben, was Euch doch so wichtig ist! Und das nur, damit wir mehr Platz haben, wenn wir zu Euch kommen. Also für uns müsst Ihr das wirklich nicht machen!«

War es bisher nur ein skeptisches Grundrauschen gewesen, das unsere Suche begleitete, erwartete uns nun eine konzertierte Aktion. Offensichtlich hatten sie gespürt, wie ernst es uns diesmal war.

»Wir würden gern noch mal mit Euch über Kirnbach reden. Und zwar alle drei. Wir haben für morgen Abend eine Konferenzschaltung angemeldet, dann können wir miteinander telefonieren. 18 Uhr, okay?«

Was sollten wir dazu sagen? Natürlich okay. Eigentlich war es ja rührend, wie die Kinder sich um unsere Zukunft sorgten. Und vielleicht hatten sie ja tatsächlich noch neue Argumente, die gegen das Haus auf der Wiese sprachen.

Der Abend kam. Und wie wir erwartet hatten: Sie kämpften um unseren Verbleib in der Freiburger Wohnung. Nicht laut, nicht verbissen, sondern mit ruhigen, verständnisvollen und auf unsere Gefühle und Wünsche eingehenden Worten. Mal die eine, mal die andere. Alles kam auf den Tisch, was für und was gegen einen Umzug im Allgemeinen und gegen Kirnbach im Besonderen sprach. Schließlich aber mussten sie einsehen, dass wir alles schon selbst hin und her gewendet, die Vor- und Nachteile gegeneinander abgewogen hatten. Und dass wir es in erster Linie für uns selbst machen wollten. Für einen Aufbruch in einen neuen Lebensabschnitt.

Eines aber hatten sie erreicht: Wir stellten Kirnbach noch einmal auf den Prüfstand. Und da kam die Sommeruni gerade zur rechten Zeit. Ich rief die Karlsruher Professorin an, die das Projekt leitete. Wir seien am Überlegen, ein Haus ganz in der Nähe der Gemeindehalle zu kaufen, wo die Veranstaltungen stattfänden. Vielleicht sei die geplante Umnutzung des alten Werkstattgebäudes ja ein interessantes Beispiel für das Update-Thema.

»Dann kommen Sie doch am Samstag zu der Auftaktveranstaltung, dem Wohnzimmer Open Air, wie wir es nennen. Da treffen sich alle, die Studierenden und die Bewohner des Tals, um sich kennenzulernen und gemeinsam erste Ideen zu entwickeln.«

Ein heißer Sommertag. Die Sonne stand schon hoch am Himmel, als wir in Kirnbach ankamen. Wir stellten das Auto bei der Kirche ab und überquerten die Straße. Auf dem Parkplatz vor der Gemeindehalle waren alte Sofas, Campingtische, Stühle, Bierbänke und Sonnenschirme in einem bunten Durcheinander verteilt. Anscheinend hatte jeder etwas von zuhause mitgebracht, auf dem man es sich bequem machen konnte. Ein Getränkewagen sorgte für Erfrischung, eine Musikanlage beschallte den Platz mit einem Mix von Little Richard bis zu den Toten Hosen. Schon von weitem bemerkte uns eine Nachbarin, die wir bei einem unserer früheren Besuche kennengelernt hatten.

»Sie auch hier? Sie möchten wohl wissen, wie's bei uns in Kirnbach weitergeht.« Sie lächelte uns interessiert an. »Wie sieht's denn mit Ihren Hausplänen aus? Sind Sie sich schon einig geworden? Ich würde mich jedenfalls freuen!« Sie stellte uns ihren

Freundinnen vor, denen sie anscheinend von uns erzählt hatte. Als wären wir schon Mitbewohner des Tals. Eine Begrüßung, so unerwartet wie herzlich, dass wir es einfach nicht fertig brachten, ihr die ganze Wahrheit über den Stand der Dinge zu sagen. »Wir sind immer noch in Gesprächen und hoffen, dass sich bald alles klärt. Auf jeden Fall wollten wir hier dabei sein, wo wir uns bei Ihnen doch fast schon zuhause fühlen.«

Das war noch nicht mal gelogen. Die Zweifel der letzten Wochen schienen wie verflogen. Es lag eine Hochstimmung in der Luft, der man sich kaum entziehen konnte. Das gesellige Miteinander von Alt und Jung, Einheimischen und Fremden, Laien und Fachleuten prägte den ganzen Tag. Es wurde diskutiert, gelacht, zugestimmt und widersprochen. Rund um die Perspektiven, die dieses idyllische Fleckchen Erde für die dort lebenden Menschen bot. Den Pfarrer sahen wir nur von weitem. Wir hatten nicht mehr das Gefühl, mit ihm sprechen zu müssen.

Zwei weitere Male noch fuhren wir in dieser Woche nach Kirnbach. Zuerst zu dem Vortrag eines Architekten, der einen in der Nähe gelegenen Schwarzwaldhof gekauft und saniert hatte. Ein gelungenes Beispiel für den Erhalt alter Baukultur. Und dann zur Vorstellung der von den Studierenden gemeinsam mit den Bewohnern erarbeiteten Projektideen. Offenhaltung der Landschaft im Ausgleich zwischen Wald- und Weideflächen, Nutzung des Bachs für Wassertretstellen und Badebuchten, Umbau des ehemaligen Rathauses zu einem Seniorencafé und Ausstellungsort, ein Pfad der Phantasie vom Ortsanfang bis zur stillgelegten Bushaltestelle vor dem Rathaus als »Endstation Sehnsucht«. An Vorschlägen war kein Mangel. Eine Jury hatte die besten Arbeiten prämiiert. Zum Abschluss hielt der Bürgermeister die obligatorische Dankesrede mit dem Versprechen, die Beiträge genauer zu prüfen und wenn möglich mit aufzunehmen in die städtische Agenda. Kirnbach City: Plötzlich schien das Ganze nicht mehr nur ein schickes Stichwort innerhalb der Verwaltung zu sein, sondern ein Projekt mit echten Realisierungschancen.

Nach dieser Woche konnten wir uns das Werkstattgebäude als neues Zuhause auf einmal wieder vorstellen. Auch zu dem Appartement, das bisher in unseren Überlegungen noch keine besondere Rolle gespielt hatte, fiel uns etwas ein. Warum nicht eine Stiftung gründen, wo Künstler aus verschiedenen Sparten eine Zeitlang leben und arbeiten könnten? Artist in Residence: eine bewährte Einrichtung, die von Künstlern gerne genutzt wurde, um mit neuen Impulsen ihr Werk weiterzuentwickeln. Logis würden wir stellen, für Kost müsste ein Sponsor sorgen, potente Firmen gab es im Umkreis genug. Ein kreativer Schub für Kirnbach, der die entwickelten Ideen aufgreifen und fortschreiben, fortmalen, fortkomponieren würde und zum Abschluss mit einer Lesung, einer Ausstellung oder einem Konzert der Öffentlichkeit vorgestellt werden könnte. Mit dem alten Rathaus gab es den passenden Ort hierfür ja schon.

So begannen wir, noch einmal, zum letzten Mal, wie wir uns schworen, alles zu überdenken, das Für und das Wider abzuwägen – gefärbt, zugebenermaßen, von der sommerlichen Aufbruchsstimmung, die wir miterlebt hatten. Und plötzlich kam uns noch eine Idee: Ein Vetter von mir lebte und arbeitete seit Jahren in Gengenbach, gerade mal eine halbe Autostunde entfernt. Könnte das Haupthaus nicht für ihn in Frage kommen? Als fester Wohnsitz oder zumindest als Wochenendrefugium? Eine Verwandtschaftszusammenführung sozusagen, die allemal besser war, als jemand Fremdes in direkter Nachbarschaft zu haben. Ich rief ihn an und erzählte ihm von unseren Plänen. Und tatsächlich, er zeigte sich interessiert. Zumindest anschauen wolle er sich das Haus gerne. Wir vereinbarten einen gemeinsamen Besuch und kündigen uns bei der Eigentümerin an. Alles schien sich auf einmal wie von selbst zu lösen.

Ein paar Tage vor dem Termin erreichte uns seine Absage. Er sei übers Wochenende wieder einmal in seiner Heimat in Oberhessen gewesen und habe gespürt, wie sehr er doch den Kontakt zu seinem alten Freundeskreis als Energiequelle für die Arbeitswoche in der Klinik brauche. Zumal er, anders als wir, alleinstehend sei, ohne Familie mit Kindern und Enkelkindern. Jedenfalls sei ihm klar geworden, dass er sich, nur noch wenige Jahre vor der Rente, nicht an eine Immobilie hier binden könne. Schade, doch von Herzen viel Glück.

Schade, ja, wirklich. Auf diese Entscheidungshilfe mussten wir also verzichten. Wir konnten seine Argumente ja gut verstehen. Nur: Galten diese denn nicht ebenso für uns? Gerade, wenn er die Familie als guten Grund für unsere Überlegungen anführte. War es nicht umgekehrt? War es denn überhaupt realistisch, dass dieses neue Zuhause sich als Treffpunkt für unsere Kinder, als Mittelpunkt der Großfamilie eignete? So weit von Freiburg entfernt, das als Stadt der Schulzeit und des Studiums natürlich ein gewichtiger Anreiz für Besuche bei uns, den Eltern, war und bleiben würde? Die Einsamkeit, die Abgeschiedenheit, das Fremde: Da kamen Idylle, städtische Entwicklungspläne und nachbarschaftliche Aktivitäten nicht gegen an. Und hatten wir denn die ungeklärten Fragen ganz vergessen? Die Eigentümerin und der Makler hatten doch genug Zeit gehabt, sie zu beantworten. Von der unverbindlichen Hochwassergefahrenkarte ganz zu schweigen. Erst jetzt wurde uns so richtig bewusst, dass sich da überhaupt nichts bewegt hatte, dass nichts geklärt war, um endlich mit Schwung loslegen zu können.

Eine Nacht gaben wir uns noch, dann hatten wir uns entschieden. Update Kirnbach: Das war ein schöner Traum gewesen! Für uns galt jetzt Kirnbach good bye. Und zwar endgültig. Wie aber sag ich's meinem Kinde? Per E-Mail oder Telefon konnten wir uns nicht vorstellen. Dazu war unsere Beziehung im Lauf der vielen Wochen einfach zu intensiv gewesen. Nein, das mussten wir schon von Angesicht zu Angesicht machen. Also bestätigten wir den schon einige Tage zuvor vereinbarten Termin und fuhren ein letztes Mal los.

Der Makler erwartete uns vor dem Haus. »Schön, Sie wiederzusehen. Hatte Ihr Verwandter nicht vor mitzukommen?«

»Mein Vetter ist leider verhindert.« Mehr wollte ich dazu hier im Freien nicht sagen. So gingen wir hinein, begrüßten die Eigentümerin und betraten die Stube. Auf dem Tisch stand ein Teller mit selbstgebackenen Schneckennudeln. In einer Kanne dampfte Kaffee. Sah ganz nach »Das muss gefeiert werden« aus. Offensichtlich erwarteten die Verkäufer von dem Treffen eine endgültige Einigung. Wir zögerten, uns zu setzen. Aber es half nichts, da mussten wir jetzt durch. Wir schilderten noch einmal unsere Überlegungen und wie schwer uns die Absage fiel. Dass es aber, trotz mehrfacher Nachfrage durch uns, leider zu keiner Klärung der offenen, für uns finanziell und rechtlich elementaren Fragen gekommen sei. So sei uns nach langem Hin und Her klar geworden, dass wir das Risiko des Umbaus der Werkstatt zum Wohngebäude nicht tragen könnten.

Die Eigentümerin war wie erstarrt. Der Makler versuchte noch einmal halbherzig, die Vorzüge des Hausprojektes herauszustellen. Doch da gab es nichts, was uns noch hätte umstimmen können. Wir waren schon halb durch die Tür, drehten uns noch zu einem kurzen Abschiedsgruß um, stiegen ins Auto, und fort waren wir. Und wie fortgeblasen war alles, was wir uns in den letzten Wochen erhofft und erträumt hatten. Stattdessen spürten wir eine Mischung aus Wehmut und Erleichterung. Und auch ein bisschen Ärger darüber, dass man uns letzten Endes hatte auflaufen lassen. Vermutlich in dem Gefühl: Die werden schon unterschreiben, so begeistert, wie sie sind von dem Haus, dem Tal, der Dorfgemeinschaft.

Ein kleines Nachspiel hatte das Ganze noch. Irgendwie tat uns die Eigentümerin trotz allem leid. Die Enttäuschung war ihr ja geradezu ins Gesicht geschrieben, als wir uns an der Haustür noch einmal umgedreht hatten. Alles umsonst, was sie sich erhofft hatte. Wer weiß, wann sich wieder ein Käufer melden würde. Und sie wollte doch so schnell wie möglich fort von dem Ort, an dem sie jedes Stück an ihren Mann erinnerte. Das konnten wir gut nachempfinden. Der Makler war uns egal, das war sein Geschäft, und einen guten Job hatte er wahrlich nicht gemacht. Das hatte sich anscheinend bis heute nicht geändert. Immer noch dieselben langweiligen Fotos im Internet, dieselbe anbiedernde Beschreibung, derselbe Preis. Wir überlegten, ob wir ihr bei der Vermarktung nicht unter die Arme greifen sollten. Da erinnerten wir uns, dass sie erzählt hatte, ihr Sohn sei bei der Freiburger Feuerwehr. Ich suchte die entsprechende Nummer heraus und ließ mich mit ihm verbinden.

»Sie werden sich sicher wundern, dass ich Sie anrufe. Ihre Mutter hat Ihnen ja vielleicht erzählt, wie das mit uns gelaufen ist. Es tut uns leid, dass für sie jetzt wieder alles von vorne losgeht. Aber vielleicht könnte ein besserer Internetauftritt mit neuen Fotos helfen. Das kann man auch selbst machen, dafür braucht man keinen Makler. Von dem bisherigen sollte sie sich jedenfalls trennen. Wir hatten keinen guten Eindruck von ihm.« Ich berichtete von den wichtigsten Gründen für unseren Rückzug.

»Danke für den Tipp.« Er zeigte sich überraschend aufgeschlossen. »Ich werde mir das Ganze noch einmal anschauen und mit meiner Mutter sprechen. Meine Schwester ist übrigens Architektin, die kann sicher auch noch etwas zu den Umbaumöglichkeiten sagen.«

Architektin! Warum hatte die Mutter sie nicht schon längst mit ins Boot geholt? Nicht, dass wir mit den bereits vorliegenden und auf unsere Bedürfnisse angepassten Plänen unzufrieden gewesen wären. Im Gegenteil. Aber als Tochter wären ihr da vielleicht noch ganz andere Lösungen eingefallen. Und zu der Frage des Brandschutzes zwischen den beiden Häusern hätte der Sohn als Feuerwehrmann vermutlich auch etwas sagen können. Sei's drum, die Sache war gelaufen. Zumal wir uns in der Zwischenzeit schon wieder nach anderen Angeboten umgeschaut hatten. Neustadt im Hochschwarzwald zum Beispiel. Wo wir eigentlich nicht hinwollten. Das Haus aber, das wir dort entdeckt hatten, sah so aus, als könnte es uns gefallen. Doch lange noch ging uns Kirnbach nicht aus dem Kopf. Die herrliche Landschaft, die netten Menschen. Die Bank oben, über der Kirche, von der aus man ins Tal und in den Himmel schauen konnte.

Wie hatte uns das nur passieren können? So viel Herzblut in ein Projekt zu stecken, bei dem doch ziemlich schnell deutlich geworden war, dass zu vieles dagegen sprach. Klar, man ließ sich gerne ein Stück weit mitreißen, wenn man erst einmal Feuer gefangen hatte. Einen Aspekt aber hatten wir überhaupt nicht weiter verfolgt. Dabei waren wir, zumindest ich mit meinen knapp 70 Jahren, nicht mehr allzu weit davon entfernt, dass er wichtig, ja entscheidend werden könnte: die fehlende Infrastruktur. Im Gefühl, etwas für uns ganz Außerordentliches zu erleben und verwirklichen zu können, schien sie uns weitgehend vernachlässigbar. Ja, wir fühlten uns fit, neugierig und unternehmungslustig genug, diesen Schritt in die Abgeschiedenheit zu tun. Das komplette Angewiesensein aufs Auto war uns zwar bewusst gewesen, doch wirklich problematisiert hatten wir es nicht. Stattdessen: Wir kriegen das schon irgendwie hin, bei einer guten Nachbarschaft hilft man sich gegenseitig, wer weiß, wie sich die Dinge entwickeln werden, der öffentliche Nahverkehr steht doch eh schon auf der städtischen To-do-Liste, im Zweifelsfall machen wir den Politikern mit einer Bürgerinitiative Beine. Selbstverordnete Beruhigungspillen, die wir da geschluckt hatten, um vom Haus auf der Wiese möglichst lange träumen zu können. Von Anfang an, schon bei der ersten Fahrt das Tal hoch, hatten wir uns auf Optimismus programmiert, uns einen Überzeugungsvorschuss gegeben, dass alle Probleme aus dem Weg geräumt werden könnten. Und als dieser Vorschuss durch die real existierenden Hindernisse fast aufgebraucht war, wurde er durch wunderbare Sommertage wieder aufgefüllt: Update Kirnbach in einem ganz persönlichen, auf unsere eigene Befindlichkeit bezogenen Sinn. So oder so ähnlich musste es gewesen sein, als wir Woche um Woche daran festhielten, immer noch einmal telefonierten, immer noch einmal hinfuhren, immer noch einmal uns begeistern ließen.

Lag es am Alter? Ist man gerade im Alter, wenn man es doch eigentlich besser wissen sollte, besonders empfänglich für Eindrücke, die die eigenen Wunschvorstellungen zu bestätigen scheinen? Ist man gar begeisterungsfähiger als in jungen Jahren? Und blendet, was dagegen spricht, nur allzu gerne aus? Andererseits: Gehört Enthusiasmus nicht einfach dazu, ist Grundvoraussetzung dafür, dass man sich noch einmal aus der Komfortzone des Ruhestands hinauswagt? Fragen, die wir auch im Abstand nicht eindeutig beantworten konnten. Und eigentlich auch nicht wollten. Gefühl und Verstand, die sollten mal schön alleine sehen, wie sie miteinander klar kamen. Da mussten wir uns nicht drum kümmern. Nur eins wussten wir inzwischen ganz sicher: Wir konnten froh sein, dass aus Kirnbach nichts geworden war. Bus- und bahnlos und dann noch zahnlos – keine gute Perspektive für ein gelingendes Älterwerden. Mit diesem kindischen Wortspiel trösteten wir uns über den geplatzten Traum hinweg. Und versprachen uns gegenseitig, das Thema Infrastruktur ab sofort im Auge zu behalten, wie leistungsfähig wir uns auch noch fühlen mochten. In diese Falle wollten wir nicht noch einmal tappen.

NEUSTADT
DIE ERSTE

Noch waren wir mit Kirnbach nicht fertig, da streckten wir unsere Fühler schon nach anderen Objekten aus. Eins davon stand in Neustadt, wo wir bisher immer nur vorbeigefahren waren. Kein Städtchen, das man gesehen haben musste, dachten wir, obwohl sein Münsterturm die an die Hänge geduckten Häuser als einladendes Wahrzeichen überragte. Nicht vergleichbar natürlich mit der berühmten Freiburger Verwandtschaft, aber doch markant und einprägsam. Für Corinna war Neustadt keine Unbekannte, sie hatte dort vor Jahren in der Buchhandlung im Roten Haus gearbeitet. Zusammen mit unternehmungslustigen Ausflüglern war sie damals von Freiburg aus mit der Höllentalbahn gefahren, über das die Ravennaschlucht überquerende Viadukt hinweg, am Titisee vorbei, um dann schließlich auf genau 805 Meter Höhe an dem kleinen Bahnhof anzukommen, von wo aus es nur wenige Schritte bis zur Ortsmitte waren. Im Sommer hatte sie die frische Luft genossen, im Winter den Schnee, von dem es hier oben noch so reichlich gab, wie unten in der Ebene schon lange nicht mehr. Davon hatte sie mir immer erzählt, wenn sie abends müde, aber erfüllt nachhause kam. Warum also nicht dort wohnen? Jetzt, wo wir mitten in der Suche waren, schien uns das auf einmal eine realistische Option. Zumal die Zugverbindung zwischen Freiburg und Neustadt eine gute Alternative war zur B31 mit ihren Lastern, Fernbussen und Wohnmobilen. Und, wohlgemerkt, nur die Hälfte der Strecke ins Kinzigtal. Das Haus war ein Angebot der Volksbank, der Preis von 175.000 Euro verlockend.
Die Straße führte so steil nach oben, dass wir einen Moment lang dachten, wir müssten wenden und die letzten Meter im

Rückwärtsgang absolvieren. Wie mochte das nur im Winter sein! Mit einer letzten Kraftanstrengung erreichte unser Auto das Ziel. Eines der typischen Schwarzwälder Einfamilienhäuser mit dunkelbrauner Holzverschalung am Westgiebel, dunkelbraunen Balkongeländern und dunkelbraunen Fensterrahmen. Auch innen alles im gleichen Ton. Schönes Fischgrätparkett im Wohnbereich, das war's dann aber auch schon. Die Küche kaum größer als eine Gästetoilette, die Treppe eng und dunkel, die Tapeten schwarz von Nikotin, die Unterseite des Balkons marode. Auch die Nachbarschaft war nicht sehr vertrauenserweckend. Links eine riesige kahlrasierte Rasenfläche mit XXL-Trampolin, rechts hinter undurchdringlichem Dickicht der Hundezwinger einer Tierarztpraxis. Man konnte es riechen. Die nette Volksbankberaterin versuchte zu retten, was zu retten war. Doch vergebens. Wir hatten uns schon entschieden.

»Schade, dass Ihnen das Haus nicht zusagt. Natürlich müsste man da einiges reinstecken. Rechnen Sie mit 150.000 Euro. Aber das würde sich lohnen. Es hat Potenzial.« Das musste sie ja sagen. »Aber es kommen hier oben immer mal wieder neue Angebote rein. Da wird sich sicher das Passende finden.« Das klang schon besser. »Ich weiß ja jetzt, was Ihnen wichtig ist.« Das hörte sich gut an. Und so verabschiedeten wir uns in bestem Einvernehmen.

Auf der Heimfahrt waren wir uns jedenfalls einig darin, dass Neustadt durchaus als Wohnort in Frage kam. Eine Option mehr bei der Suche nach einer neuen Heimat. Das war doch schon mal nicht schlecht. Und mit etwas Glück ging es ja vielleicht auch ein bisschen weniger steil. Für das Haus fand sich übrigens schon wenige Wochen nach unserer Besichtigung ein Käufer. Potenzial eben.

Endlich mal etwas in Freiburg. Eine private Zeitungsannonce mit Telefonnummer. Ein Haus aus den 1960er Jahren. Genau so etwas stellten wir uns vor. Ein Siedlungshäuschen, wie Corinna immer sagte, mit dem Charme der Wirtschaftswunderjahre, bescheiden, aber gediegen. Und dann noch in der Stadt, die als Wohnort so begehrt war. Hierbleiben können, darauf hatten wir nicht mehr zu hoffen gewagt. Alle Abschiedsgefühle wären auf einen Schlag vergessen, das ganze Wehmutsprogramm hätte sich erledigt. Da nähmen wir auch Herdern in Kauf, dieses altehrwürdige, etwas langweilige Viertel, wo wir eigentlich nie hatten wohnen wollen. Nicht zuletzt des Klimas wegen, das sich hier in den Sommermonaten schier unerträglich aufheizen konnte, wenn der kühlende Abendwind aus dem Höllental einen großen Bogen um die Hanglagen am Schlossberg machte. Aber das war, angesichts der Vorteile, Jammern auf hohem Niveau. Eigentlich war die Vorstellung, dort wohnen zu können, ein Traum. Mit diesen Gedanken brachten wir uns auf Betriebstemperatur.

Ich wählte die Nummer und hatte Glück. Als ich, um mir anderen Interessenten gegenüber möglicherweise einen Vorteil zu verschaffen, meine berufliche Vergangenheit bei den Städtischen Museen erwähnte, meinte die Eigentümerin, ihr verstorbener Vater sei ja auch bei der Stadt gewesen, im Sportamt. Ich gleich: »Den hab ich noch gekannt.« Das stimmte sogar. Ich hatte ihn immer wieder einmal in verschiedenen Gremien getroffen. Darauf sie: »Ach, das ist ja nett. Das würde ihn sicher freuen, wenn er noch erleben könnte, dass sein Haus in gute Hände kommt.« Das war der Türöffner. Ein Wort ergab das andere, bis sie uns schließlich einen Vorabtermin anbot, ihr Elternhaus zu besichtigen. Die Sache hatte nur einen Haken. Zu dem auf den ersten Blick günstigen Kaufpreis von 330.000 Euro käme noch die Erbpacht hinzu. Klar sei schon jetzt, dass der bisherige Betrag von monatlich 300 Euro deutlich angehoben würde. Okay, das nahmen wir erst einmal zur Kenntnis. Letztlich kam es auf das Haus an, auf seinen Zustand, auf die Lage. Die aber war etwas speziell. Was wir schon auf Google Maps gesehen hatten, bestätigte sich leider auch vor Ort: Kaum mehr als 50 Meter vom Haus entfernt, verlief die Hauptstrecke der Bahn, auf der vom ICE über S-Bahnen bis zu Güterzügen alles verkehrte, was der Beförderung auf Schienen diente. Die Lärmschutzwand, die man an der Trasse installiert hatte, war nicht mehr als akustische Kosmetik. Ein langsam sich dem Hauptbahnhof nähernder ICE war vielleicht noch erträglich. Wie würde das aber nachts sein, wenn die Waggons der Güterzüge vorbeirumpelten? Doch selbst dieses Handicap versuchten wir erst einmal auszublenden. Die Gelegenheit, in Freiburg bleiben zu können, wollten wir ja nicht vorschnell aus der Hand geben. Also starteten wir, mit gemischten Gefühlen, den obligatorischen Rundgang vom Keller bis unters Dach. Und da zeigte sich schnell, dass das Haus, so adrett es von außen auch wirkte, schon allein des engen Zuschnitts der Räume und seines sanierungsbedürftigen Zustands wegen nicht in Frage kam. Noch dazu die Erbpacht und der akustisch kontaminierte Logenplatz, das konnte auch die Liebe zur Heimatstadt nicht aufwiegen.

Als wir uns verabschiedeten, war der Eigentümerin die Enttäuschung deutlich anzumerken. Sie hätte uns das Haus, in dem sie groß geworden war, wohl wirklich gern verkauft. Eben in gute Hände gegeben. Aber es hatten sich ja noch andere Interessenten gemeldet, mehr als genug. Auf einem Sideboard neben der Haustür lag der Prospekt einer Wohnanlage. Das also war ihre Perspektive für sich und ihren Mann: Vorsorge statt Eigenständigkeit. Ein altersgerechter Tausch. Und genau das Gegenteil unserer Pläne.

WELMLINGEN
WEINLAGER MIT HÜHNERSTALL

»Wo bitte ist das denn?« Wir schauten uns etwas ratlos an. Ein Baugrundstück mit Ökonomiegebäude in Welmlingen für 45.000 Euro. Das klang nicht schlecht. Wenn wir auch erst einmal tief durchatmen mussten, als wir feststellen, dass es im untersten Zipfel von Baden-Württemberg, kurz vor der Schweizer Grenze lag. Doch weiter als ins Kinzigtal war es auch nicht, nur genau die andere Richtung. Also hinfahren und schauen, was es damit auf sich hatte. Diesmal über die Autobahn, es sollte schnell gehen. An Bad Krozingen vorbei, an Müllheim, an Bad Bellingen. Bis vor uns der Isteiner Klotz auftauchte, der badische Mont Saint Victoire, von heimischen Malern so oft als Motiv gewählt, wie der berühmte Berg in der Provence von Cézanne. Von Westen her als weißer, steil aufragender Kalksteinfelsen weithin sichtbar, erstreckte er sich nach Osten in sanft abfallenden Wiesen und Feldern bis zur B3, die sich von Norden kommend durchs Markgräflerland schlängelte. Hier also lag es, das Dorf, in einer Talsenke versteckt, als wollte es seine ländliche Idylle vor jeglicher touristischen Neugier bewahren. Gespannt folgten wir der Dorfstraße, an eng beieinander stehenden Fachwerkhäusern vorbei, um einen kleinen Kirchplatz herum, einen Hügel hoch, bis die Straße in einen asphaltierten Feldweg überging. Vor einem großen Schuppen parkte ein Auto, hier musste es sein. Wir stiegen aus und schauten uns erst einmal um. Streuobstwiesen mit sorgsam abgesteckten Gemüsebeeten mittendrin, in langen Reihen aufgestapelte Holzscheite, etwas oberhalb ein kleiner Friedhof, eingerahmt von einer schulterhohen Mauer und beschattet von alten Linden. Im Osten, in weiter Ferne, der Blauen,

Markgräfler Sehnsuchtsberg der hiesigen Dichter, Maler und Naturliebhaber. Ein Platz, dachten wir, wie geschaffen, um zur Ruhe zu kommen.

Das Gespräch mit dem Verkäufer war angenehm und informativ. Das Ökonomiegebäude, wie er es nannte, war derzeit an einen Schweizer vermietet, der es als Weinlager und Wochenendrefugium nutzte. Ein Ofenrohr, ein efeuumrankter Sitzplatz mit Grill zeugten von genüsslichen Aufenthalten. Ich erzählte von meinen Kontakten zu Bernd Völkle und Jürgen Brodwolf, die nicht weit von hier lebten und deren Werke ich vor Jahren im Museum ausgestellt hatte.

»Die kenne ich gut. Ich war Leiter des Hauptamts von Efringen-Kirchen, da fiel auch die Renovierung der Kirche in Blansingen in meinen Verantwortungsbereich.« Er deutete nach Westen, wo die Nachbargemeinde lag. »Die alten Fresken dort sind damals von Herrn Brodwolf und seiner Frau restauriert worden.«

Auch hier gab es wieder überraschende Gemeinsamkeiten in der beruflichen Vergangenheit. Vielleicht sollte es einfach so sein. Wir waren ja inzwischen an Zeichen und Zufälle gewöhnt.

Im weiteren Verlauf des Gesprächs erfuhren wir, dass es ein Baufenster über die derzeitigen Abmessungen des Gebäudes hinaus in Richtung Wiese gab. Man konnte also eine Erweiterung einplanen. Der Mieter hatte seinen baldigen Auszug schon angekündigt, so dass einer Übernahme nichts im Weg stand. Wir verabredeten eine Bedenkzeit von einer Woche. Solange würde er das Angebot für uns aufrechterhalten.

Auf der Heimfahrt überlegten wir, ob Welmlingen tatsächlich eine Option sein könnte. Kirnbach die Zweite sozusagen. Nur dass uns das Markgräflerland doch um einiges vertrauter war. Die Nähe zur Schweiz, Weil am Rhein mit seinem Design- und Architekturpark, die Riehener Fondation Beyeler und natürlich Basel mit seinen Museen und seiner historischen Altstadt, auch Frankreich nicht weit – alles Ziele, die verlockender kaum sein konnten. Hatten wir tatsächlich einen Platz gefunden, wo wir die Idee eines selbst geplanten Hauses verwirklichen konnten? Eine Baufirma und den Architekten kannten wir ja schon. Und die ungefähren Kosten auch. Zusammen mit dem Grundstückspreis würde das Ganze nicht teurer werden als Kirnbach, zumal mit dem Unterschied, dass es genauer auf unsere Bedürfnisse zugeschnitten sein konnte, weil der Schuppen einen eher unverbindlichen Rahmen für einen Ausbau gab. Nur ein Teil war ja gemauert, der Rest eine Bretterkonstruktion, die für Veränderungen freie Hand ließ. Als wir zuhause ankamen, hatten wir uns schon alles ausgemalt. Wieder ein Haus auf der Wiese, diesmal aber nicht in einem abgeschiedenen Tal, sondern in einer offenen Landschaft. Im Herzen des Dreiländerecks gelegen, von wo aus alles leicht erreichbar war, was man sich an Kunst und Kultur nur wünschen konnte.

Schon zwei Tage später waren wir wieder da. Ein zweiter Blick würde uns sicherer machen in unserer Entscheidung. Diesmal hatten wir die Strecke über die B3 gewählt, waren von Staufen aus an der Staudengärtnerei Gräfin Zeppelin und weiter südlich am Landhaus Ettenbühl mit seinen Rosen vorbeigekommen, wo wir schon unzählige Male gewesen waren. Fremd fühlten wir uns hier wirklich nicht. Doch schon beim Einbiegen in die Dorfstraße trübte sich unsere Stimmung. Erst jetzt bemerkten wir den alten Gasthof, der früher vermutlich ein wichtiger Treffpunkt gewesen war, nun aber mit pseudomodernem Design, mit schicken Loungemöbeln vor dem Eingang und Dinner-Krimis in der Nacht um neue Kundschaft warb. Passend dazu war das auf einer Anhöhe angesiedelte, obligatorische Neubaugebiet, dessen Häuser in einem bunten Durcheinander von Carports, bombastischen Eingangstüren und Vorgärten aus Schotterbeeten dem Aussehen des Dorfes den letzten Schliff verliehen. Unser Dorf soll schöner werden: So hatten sich die Initiatoren des Wettbewerbs das vermutlich nicht vorgestellt. Wir jedenfalls waren überhaupt nicht amüsiert, als wir uns unserem Grundstück näherten. Welche Gegensätze in engster Nachbarschaft! Einladend war das nicht.

Wir hielten vor dem Schuppen, aus dem ein gemütliches Zuhause werden sollte. Wir umrundeten das Gelände. Ein frischer Sommerwind wehte uns entgegen. Frisch? Irgendwie war ihm eine säuerlich modrige Note beigemischt. Und da entdeckten wir die hinter hohem Gestrüpp verborgenen Verschläge, von denen der Geruch offensichtlich ausging. Ein abgewirtschafteter Hühnerhof, rostige Wellblechdächer, von Kot versumpftes Terrain, gerupftes Gefieder, Legebatterien und Streithähne. So also sah hier Bodenhaltung aus. Von einem Moment auf den anderen war die Entscheidung gefallen. Täglich frische Eier aus der Nachbarschaft? Nein danke! Was verheißungsvoll klang, war im wirklichen Leben nichts anderes als eine olfaktorische Belästigung. Sollte doch der Schweizer hier weiterhin seine Weine verkosten.

HINTERZARTEN
STARTRAMPE FÜR DRACHENFLIEGER

Wenn wir gedanklich schon am Bauen waren, konnten wir auch schnell mal hoch in den Schwarzwald fahren, wo ein Grundstück angeboten wurde. Es waren ja nur gut 20 Minuten durchs Höllental. Auf der Höhe von Hinterzarten verließen wir die B31 und bogen ab auf die B500 Richtung Breitnau. Nach etwa 200 Metern erreichten wir die Einmündung einer großzügig ausgebauten Wohnstraße, die in einer leicht geschwungenen Kurve hinauf führte in ein Neubaugebiet. Wo aber war unser Bauplatz? Langsam fuhren wir weiter bis zum Waldrand, von wo aus man einen herrlichen Blick auf Hinterzarten und die Adlerschanze hatte. Ganz offensichtlich die Adresse betuchterer Zeitgenossen, die schmucken Häuser und die schweren SUV sprachen für sich. Hier befand sich das Grundstück jedenfalls nicht. Wir wendeten, rollten die Straße wieder abwärts, und fast hätten wir es ein zweites Mal übersehen. Direkt an der Böschung über der Auffahrt auf die B500 markierten rot bepinselte Holzpflöcke das zugewucherte Gelände. Wir stiegen aus. Unter uns röhrten Motorräder vorbei. Von weiter her das Brummen der Fernlaster. Konnte man so dreist sein? Einen solchen Hang als Baugrundstück zu deklarieren? Nicht mal geschenkt hätten wir es genommen. Es sei denn, um hier eine Startrampe zu installieren. Für Drachenflieger. Im Sturzflug hinüber zu den Adlern. Von der Rampe zur Schanze. Notlandung auf dem Hinterzartener Anger inbegriffen. Frustriert fuhren wir zurück nach Freiburg. Es waren ja nur gut 20 Minuten durchs Höllental.

SULZ
VOLKSBANK UND
VOLKSLIED

Auf der B3 nach Norden. Kurz vor Lahr die Abzweigung genommen, über einen kleinen Hügel gefahren, zwischen Wiesen und Maisfeldern wieder hinunter in eine Senke und ins Dorf hinein. Mittagszeit in Sulz. Die Sonne brannte vom Himmel. Der Ort war wie ausgestorben. Der Gasthof am Platz gegenüber der Kirche hatte geschlossen. Doch die Volksbankfiliale war noch auf. Vielleicht würde man uns dort sagen können, wo es eine Kleinigkeit zu essen gab. Wir betraten den durch Lamellenvorhänge leicht abgedunkelten Schalterraum. Leer. Wir machten uns bemerkbar. Es dauerte eine Weile, bis aus einem Büro in der hintersten Ecke eine junge Mitarbeiterin erschien.
»Tut mir leid, ich bin nicht von da. Aber ich frag mal meine Kollegin. Die kennt sich hier aus.« Die Mitarbeiterin verschwand und kam nicht nur mit einer, sondern mit gleich drei Kolleginnen zurück. Die Älteste schob einen Stadtplan über den Tresen. »Wenn Sie diese Straße Richtung Lahr fahren, liegt linkerhand die Dammenmühle. Die hat auch über Mittag auf. Ein beliebtes Ausflugslokal, das kann ich Ihnen sehr empfehlen.«
Die anderen nickten bestätigend mit den Köpfen. Wir bedankten uns und traten aus dem Zwielicht wieder hinaus in die Sonne. Schon etwas ulkig, wie man uns da in Bestbesetzung bedient hatte. Aber immerhin freundlich und mit erschöpfender Auskunft. Jetzt allerdings war die Zeit zu knapp, doch für Kaffee und Kuchen am Nachmittag würde es sicher noch reichen. Wir gingen zurück zum Auto und fuhren an dem Bauernhof, unserem heutigen Ziel, vorbei. Altes Fachwerkgemäuer, ein großes geschlosse-

nes Hoftor, mit alten Ziegeln gedeckte Scheunendächer. Was wir sehen konnten, machte uns schon einmal neugierig. Doch die dreiviertel Stunde, die uns bis zu dem verabredeten Termin blieb, wollten wir uns noch ein bisschen ausruhen. Wir fuhren die Straße ein Stück weiter, bis sie in einen Waldweg mündete, wo wir parken konnten. Wir schoben die Sitze zurück, packten unsere Notration, zwei Müsliriegel, aus und schlossen die Augen. Chillen unter Bäumen. Wie oft hatten wir das gemacht, als unsere drei Mädels noch klein waren. Manchmal waren wir nachts kaum zum Schlafen gekommen. Dann hatten wir sie über Mittag ins Auto gepackt und waren in den Wald gefahren, um den Schlaf wenigstens ein bisschen nachholen zu können. Die Kinder und wir. Wie ruhig es jetzt war. Nur das Rascheln der Blätter im Wind. Was uns heute wohl erwartete?

Inzwischen stand das Tor weit offen. Wir betraten den gepflasterten Hof, der auf drei Seiten von Gebäuden umgeben war. Links das Wohnhaus, geradeaus der Stall und rechts die zum Hof hin offene Scheune. Man sah die alten Stützen und den hohen Dachstuhl, der zur Lagerung von landwirtschaftlichem Gerät und gebündeltem Reisig, den Wellen, wie sie hier sagten, zum Anfeuern der Kachelöfen diente. Die Stallmauer bestand aus grob behauenen Sandsteinquadern, durch ein kleines Fenster konnte man die leeren Boxen sehen. In der Mitte des Hofs befand sich ein großer rechteckiger Betontrog, in dem früher der Mist angehäuft worden war. Wie musste es hier wohl gewesen sein, als man das Malmen der Kühe noch hören, die Gülle noch riechen konnte? Jetzt war alles aus- und aufgeräumt und stand zum Verkauf.

»Meine Mutter kann leider erst später kommen, aber ich zeige Ihnen gerne schon einmal den Garten.« Wir hatten den jungen Mann gar nicht bemerkt, so sehr waren wir mit der Vorstellung beschäftigt, dass dies alles unseres werden könnte.

Zwischen Stall und Scheune führten schmale, ausgetretene Steinstufen einen kleinen Hang hoch, wo unter Apfel- und Birnbäumen mehrere Gemüsebeete angelegt waren. Oben angekommen, deutete er auf das wuchernde Gras und das Unkraut. »Der Großvater ist gerade erst gestorben, aber er war schon seit Monaten bettlägerig und konnte hier gar nichts mehr tun. Das war ein großer Kummer für ihn.«

Als wir die Treppe wieder hinunter zum Hof stiegen, wartete dort schon die Eigentümerin, mit der ich von zuhause aus den Termin vereinbart hatte. Mein telefonischer Eindruck bestätigte sich: eine sympathische Frau, freundlich und offen wie ihr Sohn, der sich mit dem Hinweis verabschiedete, er müsse noch nach Freiburg zur Uni. Gab seiner Mutter einen Kuss, und weg war er.

»Jetzt möchten Sie aber sicher endlich das Wohnhaus sehen.« Sie schloss die Tür auf und ließ uns eintreten. PVC und wellige Teppichböden auf den alten Dielen, mehrfach überlackierte Lamperien, eingezogene Zwischenwände, großgemusterte orangebraune Tapeten. Nichts erinnerte mehr an den Originalzustand. Wir waren enttäuscht. Ein Museum hatten wir nicht erwartet, doch wenigstens einen Rest an ursprünglicher Ausstattung. Hier musste man alles entfernen und schauen, was sich darunter verbarg. Nach dem Rundgang setzten wir uns an den mit einem verfleckten Wachstuch bedeckten Küchentisch. Sie wisse, dass vieles zu renovieren sei nach dem Tod des Vaters. Und über die ursprünglich angedachten 320.000 Euro könne man auch noch reden. Den Hof zu verkaufen, falle ihr und ihren beiden Schwestern nicht leicht, da steckten so viele Erinnerungen an die Eltern und die eigene Kindheit drin. Doch sie alle hätten inzwischen ihre eigenen Häuser, und auch für den Sohn gebe es ein Grundstück zum Bauen.

Zum Schluss wollte sie wissen, ob wir uns denn wirklich vorstellen könnten, das schöne Freiburg zu verlassen und nach Sulz zu ziehen. Das sei doch sicher eine schwierige Entscheidung. Natürlich war es das. Aber das tolle Gebäudeensemble mit so viel Ausbau- und Nutzungsmöglichkeiten. Was man da alles draus machen konnte. Und das Dorf. Die Umgebung. Das war schon verlockend.

Und wo wir grade so beieinander saßen, mussten wir ihr einfach noch von unserem Bankerlebnis erzählen. Als wir die Personalausstattung erwähnten, über die wir uns doch etwas gewundert hätten, drehte sie sich leicht zur Seite, hielt sich die Hand vor den Mund und begann zu kichern. Sie arbeite ja auch bei der Volksbank, in einem anderen Ortsteil von Lahr, wo mehr Betrieb sei als hier in Sulz. Aber sie sei dort die Einzige und würde die ganze Arbeit alleine erledigen. Inklusive Auskünfte zur heimischen Gastronomie. War das jetzt Galgenhumor oder die klammheimliche Genugtuung darüber, dass auch andere die personelle Überkapazität der hiesigen Filiale bemerkt hatten? Egal, wir verabschiedeten uns mit dem Gefühl, jemand besonders Nettem begegnet, aber immer noch nicht am Ziel unserer Wünsche angekommen zu sein. Das Ausflugslokal übrigens, das uns das Bankerinnen-Trio empfohlen hatte, entpuppte sich als eine etwas schmuddelige, auf Massenbesuch eingestellte Adresse. Zur Stärkung immerhin erfüllte die Schwarzwälder Kirschtorte ihren Zweck.

Für die Heimfahrt wählten wir die Strecke durchs Schuttertal, das wir schon von der Hausbesichtigung in Reichenbach ein paar Wochen zuvor kannten. So konnten wir unterwegs gleich noch ein weiteres Haus anschauen, das uns in einer Zeitungsannonce aufgefallen war: Vielleicht ein altes Backsteinhaus wie bei Rosamunde Pilcher, mit Rosenspalier vor rotem Gemäuer, Hortensienrabatten und gekiester Auffahrt, so stellten wir es uns vor. Doch leider, die Wirklichkeit sah anders aus. Kein idyllisch eingewachsenes Anwesen in Alleinlage, sondern auch hier wieder ein Haken. Diesmal in Gestalt eines in unmittelbarer Nachbarschaft gelegenen und leicht verlotterten Gasthofs, dessen

Terrasse mit Grill verdächtig nach Hotspot für Genussbiker aussah. Enttäuscht fuhren wir davon und weiter Richtung Emmendingen. Und wurden unversehens mehr als entschädigt. Sanft abfallendes Gelände, saftige Wiesen auch jetzt im trockensten Sommer, dahinter der Wald. Abendsonne zwischen lila Wolkenstreifen. Die Straße geschwungen wie eine Volksliedmelodie.

KANDERN
DAS HAUS DES SCHUSTERS

Kandern Liebe Sünde sein? Frei nach Zarah Leander begleitete dieser Song über Wochen unsere Ausstellungsvorbereitungen im Museum für Neue Kunst. Irgendwie und irgendwann war der Kalauer entstanden und sorgte zuverlässig selbst bei größtem Stress für gute Laune. Zumal wir sicher waren, dass auch August Macke über diese etwas freche Hommage an seine Aufenthalte in dem südbadischen Städtchen geschmunzelt hätte. Der Grund für diese Aufenthalte war seine ältere Schwester. Die hatte sich nämlich in den dortigen Kronen-Wirt verliebt, ihn geheiratet und ihren Bruder mehrfach zu sommerlichen Besuchen nach Kandern eingeladen. Unsere Ausstellung über diesen wichtigen Vertreter des Expressionismus fiel mir natürlich sofort ein, als wir die Anzeige eines in Kandern zum Kauf angebotenen Hauses entdeckten. Das durften wir uns nicht entgehen lassen. Dort leben, wo Macke seine letzten unbeschwerten Tage kurz vor dem Ersten Weltkrieg verbracht hatte. Eine schöne Vorstellung.
Das Haus stand in der Blauenstraße, nicht weit vom Gasthof Krone, den es immer noch gab. Der Verkäufer erwartete uns auf dem Bürgersteig. Gespanntes Freizeithemd über Jeans, Glatze, Mitte 60. Er verkaufe das Haus für einen alten Freund, dem er einen Gefallen tun wolle. Früher habe er professionell mit Immobilien gehandelt, jetzt aber mache er das ganz ohne Eigeninteresse. Wir stiegen vom Keller über zwei Etagen hinauf bis ins Dachgeschoss. Zimmer mit Originalausstattung aus den 1950er Jahren, ein Bad mit roten und grünen Fliesen – geradezu expressionistisch, dachte ich –, ein hölzernes Treppengeländer mit geschnitztem Handlauf. Und als Clou die Dachterrasse, von der aus

man einen herrlichen Blick über das Städtchen hatte. In Reichweite der aus Ziegeln gemauerte Schornstein der Keramikfabrik, wo Tongefäße, die Macke bemalt hatte, gebrannt worden waren. Wir schauten hinunter in den Hof und auf das Dach eines riesigen Schuppens. »Eine gewaltige Raumreserve. Eignet sich hervorragend zum Ausbau als Loft, Atelier oder Werkstatt. Ganz wie Sie wollen.« Die Begeisterung in der Stimme unseres Führers verriet, dass es wirklich ein guter Freund sein musste, für den er den Makler spielte. Doch es war ja tatsächlich faszinierend, in welchen Dimensionen diese Dachstühle früher gebaut worden waren. Ein für heutige Verhältnisse enormes Bedürfnis an Lagerfläche, das die Menschen vor 100 Jahren angetrieben haben musste. Und, wohlgemerkt, das hier war kein Bauernhof, sondern ein Wohnhaus mitten in der Stadt. Wir standen unter der Balkenkonstruktion und legten die Köpfe in den Nacken. Das schiere Raumvolumen war nicht das Problem. Da würde uns schon etwas einfallen. Vielmehr störte uns, dass es auf dem Grundstück keinerlei Grünfläche gab. Alles war gepflastert, die Einfahrt, der kleine Hof. Nur hinter dem Schuppen befand sich ein schmaler Streifen voller Unkraut, auf dem irgendwelches Gerümpel lagerte. Schattig, schmutzig, unbenutzbar. Rattenrevier. Der Verkäufer schaute zur Straße. Dort warteten schon die nächsten Interessenten. Geschäftstüchtig war er ja, das hatten wir während des Rundgangs bemerkt. Den Preis hatte er sich bis ganz zum Schluss aufgehoben. »315.000 Euro. Eine günstige Gelegenheit, wenn Sie bedenken, dass die Schweizer hier alles aufkaufen. Und die alte Bahnstreckte nach Basel soll auch wieder in Betrieb genommen werden.« Er war überzeugt von seinem Angebot, keine Frage. Wir aber dachten an die Sanierung. 100.000 Euro würden da, so gut kannten wir uns inzwischen aus, vermutlich kaum reichen. »Danke. Wir melden uns.« Damit war die Sache für uns erledigt. Als wir von der Straße aus noch einmal einen Blick zurück warfen, war er mit dem jungen Pärchen schon im Haus verschwunden.

So schnell aber wollten wir die Heimfahrt noch nicht antreten. Das Macke-Städtchen bot ja doch einige sehenswerte Ecken und Winkel. Zum Beispiel den auch heute noch fast unveränderten Blick zwischen eng und etwas schief stehenden Häusern hindurch auf den Kirchturm, der sich als Motiv auf einem seiner Gemälde in meinem Museum wiederfand. Mein Museum: In solchen Momenten wurde mir bewusst, wie sehr ich mich auch nach Ende meiner Dienstzeit mit der Sammlung verbunden fühlte. Und ich empfand es immer wieder als schöne Überraschung, wenn wir bei unseren Unternehmungen auf Ansichten stießen, die von Malern in Bildern festgehalten worden waren.

Auf dem Weg zurück zum Auto schlenderten wir noch einmal durch die Blauenstraße. Diesmal auf der anderen Seite. Auch hier standen die Häuser direkt am Bürgersteig, besaßen aber, anders als die gegenüberliegenden, auf ihrer Rückseite Gärten. Nicht sehr groß, doch über die Jahrzehnte hinweg so zugewachsen, dass wir uns gut ausmalen konnten, wie die Bewohner hier im Freien die Sommertage genossen. So hatten wir uns das auch für uns vorgestellt: ein Stadthaus im Grünen.

Eines der Häuser sah unbewohnt aus. Geschlossene Fensterläden, auf den Stufen vor der Eingangstür stapelweise alte Prospekte. Ein schön proportioniertes zweistöckiges Gebäude mit fein gegliederten Ecklisenen, die den Fassadenflächen seitlichen Halt gaben. Hier war vor etwa 100 Jahren ein guter Architekt am Werk gewesen. Das mussten wir uns doch etwas genauer anschauen. Wir gingen seitlich am Haus vorbei zur Rückseite. Im Obergeschoss befand sich ein über die gesamte Hausbreite gehender Wintergarten mit Sprossenfenstern, vom Erdgeschoss aus konnte man durch eine breite Tür in den Garten gelangen. Ramblerrosen mit verwelkten Blüten, ein Orangenbäumchen mit reifen Früchten, Sträucher, die zurückgeschnitten gehörten, ein von Unkraut überwuchertes Gemüsebeet. Alles sah so aus, als sei hier schon längere Zeit niemand mehr tätig gewesen.

Wir gingen zurück zur Straßenfront und zur anderen Giebelseite. Hier befand sich die Haustür, geschützt durch ein auf zwei hölzerne Stützen ruhendes Dach. Neben der Tür ein Schild: »Hermann Meyer – Orthopädischer Schuhmachermeister – Sprechstunden in Kandern nach Vereinbarung.« Darunter eine Freiburger Telefonnummer! Aus dem Nachbarhaus kam ein jüngerer Mann mit einem Rennrad über der Schulter. Er bemerkte, dass wir etwas unschlüssig herumstanden. Ob er uns helfen könne? »Uns ist gerade das Haus aufgefallen. Sieht aus, als würde hier niemand mehr wohnen. Kennen Sie die Eigentümer? Und wissen Sie vielleicht, ob es zum Verkauf steht?« Wir erfuhren, dass die Eigentümer schon lange nicht mehr da gewesen waren. Sonst könne er nichts dazu sagen. Aber es seien nette Leute. Wir sollten doch einfach mal anrufen.

Wieder in Freiburg, wählte ich die Nummer. Am anderen Ende der Leitung meldete sich die Stimme einer offenbar älteren Frau. Im Hintergrund waren Werkstattgeräusche zu hören. Das musste ihr Mann bei der Arbeit sein. Ich erzählte von unserer zufälligen Entdeckung. Von meiner Verbindung zum Museum. Von Corinnas Tätigkeit im Buchhandel und in einem Sanitätshaus – aus orthopädischer Sicht vielleicht ein Pluspunkt. Und ich erwähnte unsere Kinder und Enkelkinder. Und dass wir uns nach einem eigenen Garten sehnten und nach mehr Platz für Besuche. Die ganze Wunschpalette eben.

Was wir kaum zu hoffen gewagt hatten, der Anruf traf mitten ins Schwarze. Sie trügen sich tatsächlich mit dem Gedanken, ihr Haus in Kandern zu verkaufen. Die Fahrt würde mit den Jahren doch immer beschwerlicher, sie könnten es ja kaum noch nutzen. Wenn sie soweit seien mit ihren Überlegungen, würden sie sich wieder melden. Wir könnten auch gerne schon einmal im Laden vorbeikommen, vielleicht könnten wir gute Schuhe gebrauchen. Das klang alles sehr nett, doch ich hatte nicht das Gefühl, dass wir noch einmal etwas von ihr hören würden. Nach einem Monat klingelte das Telefon.

»Hier Meyer. Ich rufe an wegen Kandern.«

Ich war sofort im Bilde.

»Meine Frau ist im Krankenhaus, es geht ihr nicht gut.«

Das klang, als läge sie im Sterben.

»Wir haben beschlossen, das Haus zu verkaufen. Ich wollte eine Anzeige aufgeben, aber meine Frau hat gesagt: Ruf erst mal die Ludwigs an.«

Damit hatten wir überhaupt nicht gerechnet. Ob wir zu ihm in das Geschäft kommen könnten, um alles Weitere zu besprechen.

»Klingeln Sie ruhig mehrmals, es kann dauern, bis ich Sie höre und aufmache.« Damit war das Gespräch beendet. Wir setzten uns ins Auto und fuhren los.

Das Geschäft befand sich in Herdern direkt gegenüber der Ludwigskirche. Eine Häuserzeile aus der Zeit um 1900. Ein Schaufenster, dessen Auslage schon ewig nicht mehr erneuert worden war. Wir klingelten, keine Reaktion. Wir klingelten ein zweites Mal, keine Reaktion. Wir warteten. Nach dem dritten Klingeln hörten wir schlurfende Schritte. Hinter dem Vorhang, mit dem die Ladentür verhängt war, bewegte sich etwas. Ein Schlüssel drehte sich im Schloss, die Tür wurde aufgedrückt, und da stand er, der Schuster, mit dem ich gerade telefoniert hatte. Ein alter Mann mit grauer Künstlermähne, überraschend jugendlichen Gesichtszügen und wachem Blick. Als er uns voran in die Werkstatt ging, bemerkten wir, wie schwer ihm das Laufen fiel.

»Setzen Sie sich doch, ich muss noch etwas holen.« Er verschwand im Nebenraum, und wir schauten uns um. Ledervorräte, Leisten, Schusterwerkzeug, ein ganzes Schuhsortiment im Regal. Die Wände, von oben bis unten mit Postkarten und Zeitungsausschnitten mit Motiven aus aller Herren Länder tapeziert. Als er zurückkam, hatte er ein dickes Album in den Händen. »Hier sind Fotos von unserem Haus, da können Sie sich schon einmal ein Bild machen, wie es von innen aussieht.« Er schlug das Album auf und blätterte Seite für Seite um. Einfache Räume, Dielenböden, Kohleöfen in den Zimmerecken, der Wintergarten von innen mit herrlichem Blick ins Grüne. Kaffeegesellschaften in der guten Stube und draußen in der Laube. Er als junger Mann, seine hübsche Frau, die Familie, Freunde lustig und ausgelassen. Schöne Tage in Kandern. Fast waren das Lachen und das Singen noch zu hören. So musste sich auch August Macke bei seiner Schwester gefühlt haben.

»Wir haben viele schöne Jahre in diesem Haus verbracht, aber was vorbei ist, ist vorbei. Jetzt würden wir uns freuen, wenn das Haus in die richtigen Hände käme.« Bei diesen Worten schaute er uns fast bittend an, als wollte er sagen: Und die Richtigen, das sind Sie!

So weit waren wir aber noch längst nicht. Trotz der anrührenden Fotos war uns der Zustand des Hauses nicht entgangen. Schon damals, als die Aufnahmen entstanden waren, war es ganz offensichtlich sanierungsbedürftig gewesen. Bei einem großen Haus wie diesem würde eine stattliche Summe fällig werden, um wenigstens die notwendigsten Arbeiten durchzuführen. Die bei dem Haus gegenüber geschätzten 100.000 Euro reichten da vermutlich noch nicht einmal aus. Was es denn kosten solle? Die Antwort kam verdächtig schnell: 350.000 Euro. Und klang, als wollte er uns mit der richtigen Mischung aus immateriellen und materiellen, sprich familiären und pekuniären Botschaften weichklopfen. Nein, eine solche verhandlungsstrategische Raffinesse wollten wir ihm nicht wirklich unterstellen. Wahrscheinlich hatte er einfach mal einen Luftballon steigen lassen.

Wir drehten noch eine kleine Abschlussrunde. Durch einen Hinterausgang gelangte man in einen Hof mit Schopf, der früher als Hühnerstall und Holzlager gedient hatte. Ein Bild wie aus dem neunzehnten Jahrhundert, als Herdern noch ein Dorf gewesen war. Kaum zu glauben, was da heute in einer der begehrtesten Wohnlagen Freiburgs noch verborgen und an Werten vorhanden war. Wenn das mal nicht der überall drohenden Nachverdichtung zum Opfer fallen würde. Als wir uns zum Abschied die Hand gaben, fragten wir ihn nach Kindern. Sein bisher so offener Gesichtsausdruck verdüsterte sich. Es gebe einen Sohn, doch mit dem hätten sie so gut wie keinen Kontakt.

Wir verabschiedeten uns und vertrösteten ihn. Wir würden es uns überlegen. Eine Floskel, die wir inzwischen selbst schon leid waren, die Situation aber schlichtweg am besten umschrieb. Es gab einfach immer noch so vieles zu bedenken. Doch zuhause war unsere Unschlüssigkeit schnell verflogen. Das Ganze war, wie schon so oft bisher, angesichts des Sanierungsbedarfs einfach eine Nummer zu groß. Zudem hatten wir bei einem Anruf im Kanderner Rathaus erfahren, dass die brachliegende Grünfläche jenseits der Hausgärten als Bauland ausgewiesen war. Das hatten wir fast schon befürchtet, als wir alles noch einmal per Google von oben aus angeschaut hatten. Also, leider, Absage per Telefon, mit den besten Genesungswünschen für seine Frau!

Wiederum ein paar Wochen später rief sie an. Von zuhause aus. Ich war total überrascht, vor allem aber froh, sie so munter zu hören. Offensichtlich hatte sie sich erholt. Ob wir es uns nicht noch einmal überlegen wollten. Die Preisvorstellung ihres Mannes sei unrealistisch gewesen. Sie könnten uns entgegenkommen. Doch für uns war die Sache entschieden. Wir hatten längst schon wieder neue Objekte im Blick.

 So schade wir es auch fanden, dass aus den sommerlichen Begegnungen mit meinem Lieblingsmaler der Klassischen Moderne keine feste Bleibe geworden war. So gerne wir dieses romantische Schwarzwaldstädtchen auch zu unserer neuen Heimat gemacht hätten. So sehr uns das Werben des Schuhmachers und seiner Frau um uns als mögliche Käufer auch geschmeichelt hatte. Wirklich niedergeschlagen fühlten wir uns nicht nach dem Abschied. Denn obwohl uns all die persönlichen Erinnerungen der Eigentümer an ihre Aufenthalte in Kandern berührt hatten, konnten wir dann doch schnell wieder nach vorne schauen. So war das bisher ja immer gewesen: Lust auf jedes Objekt, aber auch Abhaken, Mund abwischen und Neugier auf die nächste Entdeckung. Vielleicht war es eine Art Enttäuschungsroutine, die uns den Umgang mit der immer wieder vergeblichen Haussuche erleichterte.

Oft mussten wir an die Worte eines Freundes denken: »Ihr werdet es spüren, wenn es das Richtige ist!« Das klang einerseits zwar irgendwie übersinnlich, denn wie sollte man es denn spüren, wenn so viele verschiedene Aspekte eine Entscheidung dafür oder dagegen erschwerten? Der Preis, der Zustand, die Nachbarschaft, die Lage, das Gesicht. Ja vor allem dies: das Gesicht des Hauses, sein Ausdruck, wie es einen anschaute, wie es zu einem sprach. Andererseits hatten wir inzwischen herausgefunden, dass ein »immobiliärer« Smalltalk nicht ausreichte, um eine Beziehung zu einem Haus aufzubauen. Da musste man sich schon Zeit nehmen und in die Tiefe gehen. Sich interessieren für seine Vergangenheit, für seine Schwächen und Stärken, seine Bereitschaft, sich auf neue Eigentümer einzulassen. Eben ein Gespür entwickeln dafür, ob ein Gebäude, dieses bauliche Konstrukt aus Stein, Holz, Beton, Glas und Ziegeln, auch ein Haus war. Ein Haus, das Potenzial hatte, ein Zuhause werden zu können. Nicht nur wir als Käufer mussten offen sein, auch ein

Haus musste sich öffnen können für neue Bewohner, für deren Ansprüche, Wünsche und Besonderheiten. Und das sollten wir spüren? Manchmal zweifelten wir ein bisschen daran, ob es wirklich so war oder ob nicht eine reine Tatsachenentscheidung zum Kauf führen würde.

Bald ein Jahr war es nun schon, dass wir mit unserer Suche begonnen hatten. Wie lange würde es noch gehen, bis aus einem Flirt eine dauerhafte Liaison werden würde? Wir konnten es nicht wissen. Und machten uns auch keinen Kopf darum. Irgendwie ging es immer weiter. Und irgendwann würden wir am Ziel sein. Darauf hatten wir uns festgelegt. Ein bisschen Routine konnte da nicht schaden. Nicht nur eine für Enttäuschungen. Auch eine für Zuversicht.

NEUSTADT
DIE ZWEITE

Vier Tage nach unserer Kandern-Fahrt fanden wir uns in Neustadt wieder. Zum zweiten Mal schon innerhalb weniger Wochen. Dieses Mal aufgrund einer Anzeige von Privat, die uns schon im Frühjahr aufgefallen war. Ein Haus aus den 1960ern, schön gelegen mit Blick auf den Kurgarten und das Münster. Wir waren drumherum geschlichen, hatten mit netten älteren Nachbarn gesprochen und einen Blick durch drei kleine Bogenfenster mit gelblichen Butzenscheiben riskiert. Was wir sahen, war nicht sehr verlockend gewesen. Ein ausladend geschwungenes schmiedeeisernes Treppengeländer in einer schummrigen Diele. Das reichte uns. Keine Option für weitere Erkundungen, so unser damaliger Eindruck. Zumindest nicht angesichts des Preises von 380.000 Euro.

Irgendwann war uns aufgefallen, dass das Haus bei ImmoScout24 nicht mehr angeboten wurde. Vermutlich verkauft und aus dem Netz genommen, so dachten wir. Doch dann war es auf einmal wieder drin. Nun aber für 340.000 Euro. 40.000 Euro weniger als bei der ersten Anzeige. Das war eine Ansage! Wir kontaktierten die Verkäuferin und vereinbarten einen Termin.

Die Fahrt durchs Höllental war inzwischen fast schon Routine. In den Serpentinen kurz vor dem Abzweig zum Internat Birklehof in Hinterzarten mit der karussellartigen Kreuzfelsenkurve als automobilem Höhepunkt konnte ich so richtig schön mein normalerweise unterdrücktes Rennfahrer-Gen spüren. Nürburgring-Feeling eben. Wenn man mit 20 Sachen in der Kurve und von hinten drängelnden LKW aus Polen Formel1-Vergleiche überhaupt ziehen wollte. Und Corinna neben mir die Füße ganz humorlos in den Fußraum stemmte. Egal, spektakulär war er jedenfalls, dieser Streckenabschnitt auf der B31, der einen in einer Viertelstunde aus dem diesigen Dreisamtal hoch in die klare Bergluft katapultierte.

Diesmal konnten wir das Haus also auch von innen besichtigen. Die Eigentümerin hieß uns mit leicht schwyzerdütsch eingefärbtem Dialekt willkommen. Mitte 50, Campingplatz-Klamotten, geschäftig und zugleich etwas zurückhaltend. So wie wir vermutlich auch. Es war jedes Mal dasselbe: Betraten wir gerade unser zukünftiges Zuhause? War das jetzt das Haus, in dem wir den Rest unseres Lebens verbringen würden? Unausgesprochen standen diese Fragen bei jeder ersten Begegnung im Raum.

Wir standen in der Diele. Von innen wirkte sie gar nicht so schummrig wie beim Blick von außen durch die Butzenscheiben. Die Eigentümerin führte uns von Zimmer zu Zimmer und taute immer mehr auf. Sie lebe in Basel, arbeite in der Pharmabranche, sei für die Preispolitik ihrer Firma zuständig und jette ständig in der Weltgeschichte umher. Ihre alte Mutter habe sie gerade erst in ein Pflegeheim nahe der Grenze geholt. Als einzige Erbin wolle sie das Elternhaus jetzt verkaufen. »Das fällt nicht leicht, wie Sie sich denken können. Es hängen so viele Erinnerungen daran. Aber ich kann mich von Basel aus einfach nicht mehr darum kümmern.«

Wie oft hatten wir diesen Satz schon gehört. Die Erinnerungen. Waren die wirklich so entscheidend für den Verkauf? Für die Auswahl der Käufer? Ob sie zu der Geschichte des Hauses passten? Jedenfalls schien es uns immer wieder zu gelingen, diesem persönlichen Anforderungsprofil zu entsprechen. Eine Art Erinnerungskongruenz herzustellen zwischen den Anbietern und uns. Auch hier war das wieder der Fall, das spürten wir, je länger der Rundgang dauerte. Und so versuchten wir natürlich, den positiven Eindruck zu verstärken. Wir wollten unsere Chance ja nutzen. Wo immer sich die Gelegenheit bot, zeigten wir unsere Begeisterung.

»Sieh nur, die kultigen Deckenlampen mit den drei farbigen Tütenschirmen.«

»Oh, ein Bambusrohr als Kleiderschrankstange.«

»Tolle blaue Fliesen Im Bad.«

»Und erst die Tapete mit dem silbrigen Rautenmuster.«

»Schau dir das an: ein Wasserablauf für die Regentonne mit Seilzug.«

Corinna und ich überboten uns geradezu mit Lobesworten und mussten uns dabei noch nicht einmal verstellen. Es war wirklich ein sehr besonderes Haus. Alles sauber und gepflegt, die Waschbecken, Spiegel und Ablagen in den oberen Räumen, die die Eltern zur Aufbesserung des Haushaltsgeldes vermietet hatten, blitzblank. Eine wahre Freude!

Im Untergeschoss sah es etwas anders aus. Auf der einen Seite, zum Berg hin, befand sich ein feuchter Lehmkeller, in dem der Ölgeruch der benachbarten uralten Heizung vermutlich schon in die Wände gedrungen war. Auf der anderen Seite der Werkraum des Vaters, eines offensichtlich begnadeten Hobbyhandwerkers und Tüftlers. Schreinerarbeiten, Schmieden, Schweißen – alles war hier zum Hausgebrauch angefertigt worden. Der Clou war ein kleiner Propeller, der vor einem Ofenrohr unter der Decke schwebte, um die warme Luft im ganzen Raum zu verteilen. Danieldüsentriebartig genial. Die hölzerne Werkbank aber entpuppte sich als verstecktes Gesundheitsrisiko. Um bei den Arbeiten mit dem Schweißgerät die Brandgefahr zu minimieren, hatte der Vater eine Asbestplatte draufgelegt. Angesichts der offenliegenden Faserfläche traten wir umgehend den Rückzug an. Hier war zumindest eine Generalreinigung vonnöten. Überhaupt die Schadstoffbelastung: Auch an anderen Stellen des Hauses würde man Proben nehmen müssen. Denn während die Wohnräume des Hauptgeschosses gut erhaltene Parkettböden hatten, waren im Obergeschoss PVC- und Teppichböden verlegt, die im Lauf der Jahre zum Teil gebrochen und wellig geworden waren. Wie mochte es hier wohl mit Asbest aussehen? Bis in die 1980er Jahre hinein war es zur Verbesserung der Haltbarkeit vielen Baumaterialien und Klebern beigemischt worden. Also musste man auch hier damit rechnen.

Vom Haus in den Garten. Mehrere Holzverschläge, ein Gewächshaus, knapp unter der Erde verlegte einfache Stromkabel, die anscheinend dafür gesorgt hatten, dass man überall und jederzeit in der Lage war, elektrisches Gerät zum Einsatz zu bringen. Man konnte nur staunen. Auf dem Weg zurück ins Haus entdeckten wir, dass die Unterseite des umlaufenden Balkons an mehreren Stellen schadhaft war. Hier war eine Betonsanierung unumgänglich. Unser Fazit nach dem Rundgang: ein schönes Haus, gute Lage, großzügig geschnittene Räume, viele liebevoll gestaltete Details. Einerseits. Andererseits ein erheblicher Sanierungsbedarf mit ungewissem finanziellem Aufwand, den man beim Kaufpreis berücksichtigen musste.

Wieder zuhause setzte ich mich an den Laptop und schrieb eine E-Mail. Von unserer Begeisterung, aber auch von unseren Bedenken. Die Erneuerung der Fenster, Dämmung des Dachs oder der oberen Geschossdecke und eine neue Heizung, zumindest diese Maßnahmen seien unabweisbar. Was sonst noch bei einem Kauf konkret auf uns zu käme, würden wir gerne von einem mit uns befreundeten Architekten begutachten lassen. Wir könnten allerding jetzt schon sagen, mehr als 300.000 Euro seien für uns nicht realistisch. Die Antwort kam postwendend. Sie habe sich gefreut, dass wir einen Blick für die Dinge hätten, die ihren Eltern und ihr selbst lieb und wichtig gewesen seien. Gerne könnten wir bei einem weiteren Besuch unseren Architekten mitbringen. Bei der Kaufsumme jedoch blieb sie hart. Sie könne uns da nicht entgegenkommen, das Haus sei seinen Preis wert, und es gebe noch weitere Bewerber, die bereit seien, den von ihr genannten Betrag zu zahlen.

Der erste Teil der Antwort hatte uns positiv überrascht. Offensichtlich hatten unsere Reaktionen beim Rundgang ihre Wirkung nicht verfehlt. Den zweiten, abschlägigen Teil aber hätten wir uns eigentlich denken können. Sie war eben, schon von Berufs wegen, eine harte Verhandlerin. Doch dieses eine Mal sollten wir noch hinfahren, wer weiß, was sich im weiteren Verlauf ergeben würde. Ganz ausgereizt, so hofften wir, schien das Ganze jedenfalls noch nicht zu sein.

Drei Wochen später, es war mittlerweile Ende September, gingen wir, diesmal zusammen mit unserem sachkundigen Freund, erneut durch das Haus am Kurgarten. Klaus hatte ein Architekturbüro und langjährige Erfahrung in der Sanierung von Altbauten. Auch in Kirnbach hatte er uns bereits geholfen und die Kostenaufstellung zu den Ausbauplänen für das Werkstattgebäude überprüft. Schon während des Rundgangs ließ seine Zurückhaltung nichts Gutes erahnen. Den Grund erläuterte er uns bei einem anschließenden Essen im Oberen Wirtshaus im Langenordnachtal. Was er uns zu sagen hatte, war ernüchternd. Grob geschätzt, die genauen Kosten wollte er noch ermitteln, sah er den Sanierungsbedarf bei mindestens 150.000 Euro. Allein für die Balkonsanierung müsse man rund 40.000 Euro veranschlagen. Damit war klar: Diesen Betrag würden wir nicht finanzieren können.

Schweren Herzens sagten wir ab. Zu sehr ins Risiko gehen, das hatten wir uns ja längst geschworen, wollten wir auf keinen Fall. Auch diesmal ließ die Antwort der Eigentümerin nicht lange auf sich warten. Die Positionen lägen zwar weit auseinander, aber sie habe in ihrem Berufsleben die Erfahrung gemacht, dass sich manchmal, trotz aller Hindernisse, noch ein gemeinsamer Weg finden lasse. So wolle sie uns eine Brücke bauen: Sollte ihr der Abschluss mit einem anderen Interessenten nicht gelingen und sollten wir noch keine neue Liegenschaft gefunden haben, könnten wir vielleicht doch noch einmal zusammenkommen und uns preislich in der Mitte treffen.

Wir waren überrascht und irgendwie auch erleichtert. Als sie dann noch die Zusage gab, uns im Fall einer ernsthaften Kaufabsicht von anderer Seite zu informieren, war der Druck mit einem Mal wie weggeblasen. Eigentlich eine ideale Situation: Wir konnten uns in Ruhe weiter umschauen und hatten gleichzeitig Neustadt noch in der Hinterhand. So bestätigten wir diesen Vorschlag, ahnten aber schon, dass es der Anfang vom Ende war. Ein Abschied in verträglichen Portionen, der es uns ermöglichte, Alternativen genauer unter die Lupe zu nehmen, die wir uns in den letzten Wochen vorsorglich in die Wiedervorlage gelegt hatten. September und Oktober, sollten die Erntemonate auch für unsere Haussuche gelten? Gesät hatten wir, wenn wir unsere Erkundungsfahrten so nennen wollten, jedenfalls genug.

LÖFFINGEN
BAHNWÄRTERHÄUSCHEN

Und erneut in den Hochschwarzwald nach Löffingen. Einmal waren wir hier schon vorbeigekommen, als wir das alte Schulhaus in Blumberg zu unserem Refugium und zum Einkehrpunkt für Wutachschlucht-Wanderer hatten machen wollen. Diesmal war es ein schnuckeliges Bahnwärterhäuschen, am Ortsrand gelegen, das wir uns ausgeguckt hatten. Innen offensichtlich liebevoll renoviert, doch eingerichtet in modischem Katalogdesign: freigelegte und bunt gestrichene Holzständer, die die Küche vom Wohnbereich trennten, Tapeten mit Ziegelsteinstruktur, geflammte Laminatböden. Soweit die Fotos im Netz. Aber das ließe sich ja ändern. Vielleicht ein bisschen zu klein für unsere Wünsche. Aber mal schauen. Und zwar unverbindlich und anonym. Wir näherten uns dem Grundstück von der Stadt her und versuchten, einen Blick durch die hochgewachsene Hecke zu werfen. Ein schöner, leicht verwilderter Garten, ganz nach unserem Geschmack. Vor dem Haus ein jüngerer Mann beim Entladen seines Kombis. Das sah ganz nach Ferienende aus. Warum er wohl verkaufen wollte? Oder musste? Da wir uns nicht angemeldet hatten, wechselten wir die Straßenseite und schlenderten mit einem etwas komischen Gefühl wie harmlose Spaziergänger vorbei. Erst auf der Rückseite des Hauses sahen wir es. Das Bahngleis, das in einem Abstand von höchstens fünf Metern vorbeiführte. Und parallel dazu die Umgehungsstraße Richtung Bonndorf. Das eine hätten wir uns ja denken können. Aber das andere, das kam unerwartet. Und beides zusammen war einfach zu viel.

Aus der Traum. Und abgehakt. Wie schon so viele zuvor. Den Rückweg nahmen wir über die Baar Richtung Rötenbach. Inzwischen war es Abend geworden, der Himmel verfärbte sich in Minutenschnelle von blau über gelb zu rot und lila. Das war wie in der Bretagne, unserem Sehnsuchtsland. Corinna und ich schauten uns an. Hier oben zu leben, das wäre schon schön.

TANNENKIRCH
EIN MAGISCHER MOMENT

Bloß kein Stress und immer schön der Reihe nach. Wir mussten uns selbst bremsen, wenn wir beim Frühstück auf die Liste schauten, die wir abarbeiten wollten. Doch was heißt abarbeiten? Es war ein unbestimmtes Gefühl, irgendwo zwischen Frust und Lust. Frust, dass es wieder nichts gewesen war, und Lust auf mehr. Nicht dass wir bereits süchtig waren. Aber manchmal dachten wir schon daran, wie es wohl wäre, wenn wir diese Ausflüge nicht mehr unternehmen müssten. Ob sie uns fehlen würden? Jedenfalls war es immer wieder aufregend, ins Auto zu steigen und loszufahren. Hin zu dem nächsten Haus, das vielleicht in Frage kam.

Nach dem Blitzbesuch auf der Baar stand heute wieder einmal das Markgräflerland auf dem Programm. Tannenkirch. Ein abseits der B3 gelegenes Dorf, dessen Name leicht in die Irre führen konnte. Tannenwälder waren hier weit und breit nicht zu sehen. Stattdessen Weinberge, die zu den bestgelegenen und ertragreichsten weit und breit gehörten. Das wusste ich von Bernd Völkle, der hier vor vielen Jahren einen alten Gutshof gekauft hatte, wo er lebte und arbeitete und wo seine Bilder und Skulpturen entstanden, die ich 2010 in einer großen Ausstellung gezeigt hatte.

Auch heute schien, wie schon seit Tagen, wieder die Sonne, die spätsommerliche Landschaft zeigte sich von ihrer schönsten Seite. Wir waren geradezu beflügelt von der Vorstellung, hier endlich das Passende zu finden. Und von einer neuen Idee, die uns beim Lesen der Anzeige gekommen war. Wir mussten ja nicht kaufen, wir konnten auch zur Miete wohnen. Einen Vorteil würde diese Variante haben: Mit den Mieteinnahmen aus unserer Wohnung könnten wir die Miete für unser neues Zuhause bezahlen. Ein Nullsummenspiel also, das bei dem Preisgefälle zwischen Freiburg und seinem weiteren Umland vermutlich aufgehen würde. Außerdem war der Gedanke verlockend, dass wir so die Zelte in unserer alten Heimat nicht ganz abbrechen und uns ein Hintertürchen offen halten würden, nach Freiburg, im Falle eines Falles, zurückkehren zu können. Eigentlich aber wollten wir uns mit solchen Überlegungen gar nicht aufhalten. Wir hatten auf Neuanfang gesetzt, und dabei sollte es auch bleiben.

Die Dorfstraße ging steil nach oben und mündete in einen Anwohnerweg, der am Rand eines Weinberges entlangführte. Hier musste es sein. Wir hielten an und stiegen aus. Das erste, was wir sahen, war nicht der Bungalow, wegen dem wir gekommen waren, sondern die unendliche Weite. Eine unverbaute Sicht im flirrenden Mittagslicht Richtung Basel und bis zur Burgundischen Pforte. Hinter uns der Hang mit den Rebstöcken bis hoch zum Waldrand, unter uns das Dorf und die umliegenden Wiesen.

Auf der Zufahrt vor dem Haus standen weitere Interessenten. Nach kurzem Zögern begrüßten wir uns – wir konnten ja schlecht nur umeinander schleichen – und erfuhren, dass sie von einer internationalen Akademie in Lörrach kamen und nach einer Unterkunft für ihre ausländischen Dozenten suchten. Sympathisch durchaus, aber eben doch Konkurrenz. Sie sahen das vermutlich genauso. Mit freundlich bemühtem Smalltalk überbrückten wir die Zeit bis zur Ankunft des Eigentümer-Ehepaars. Man ging durchs Haus. Man bewunderte das Panorama. Man begeisterte sich für den völlig vernachlässigten, nein, natürlich romantisch verwilderten Garten. Man lobte den Schnitt der Räume. Und man suchte nach Möglichkeiten, sich zu profilieren, sich einen Vorsprung vor den anderen zu verschaffen. Schnell bemerkten wir, dass der Mann zwar der Erbe war, die Frau aber offensichtlich die Hosen anhatte. So hielten wir uns an sie und versuchten, uns bei jeder passenden Gelegenheit in ein möglichst gutes Licht zu setzen. Äußerten die eine oder andere Einrichtungsidee, betonten unser Faible für die Gartenarbeit. An ihren Reaktionen meinten wir, so etwas wie gleiche Wellenlänge zu spüren, aber auch eine gewisse Distanz. Möglicherweise lag das an unserem Hauseigentümer-Gen, das sich während der letzten Monate entwickelt hatte. Hatte sie uns vielleicht als übergriffig empfunden? Beim Abschied waren wir unsicher, wie unsere Bemühungen bei ihr angekommen waren. Sie würde von sich hören lassen. So viel immerhin.

Wieder im Auto, schaute Corinna mich zweifelnd an. »Hast Du den PVC-Boden im Wohnraum gesehen? Der war ganz schön schlampig verlegt. Und den alten Teppichboden im Flur und in den Zimmern? Der ist doch garantiert noch Erstausstattung und mindestens 40 Jahre alt. Jedenfalls muss man da einiges machen, bevor es neu vermietet wird.« Ich konnte ihr nur beipflichten. »Und dass sie uns das Zimmer am Ende des Flurs nicht zeigen wollte! Und dann der abgeschlossene Raum im Untergeschoss. Die werden doch keine Leichen im Keller haben?«

Corinna wusste sofort, was ich meinte. Wir hatten nämlich beide beim Umrunden des Hauses bemerkt, dass die Mauer dort, wo das hintere Zimmer lag, feuchte Stellen aufwies. Der heruntergelassene Rollladen war auch nicht sonderlich vertrauenerweckend. Die Begründung, es seien dort noch Sachen von den vorherigen Bewohnern abgestellt, und das müsse auch so bleiben, war jedenfalls nicht akzeptabel. Ein Haus mit unzugänglichen Räumen mieten, das ging gar nicht. Aber vielleicht war da ja noch etwas zu machen. Und wer weiß, ob wir überhaupt den Zuschlag bekommen würden.

Inzwischen machte sich der Hunger bemerkbar. Wir hatten über Mittag nichts gegessen und uns erst für den Spätnachmittag bei Bernd Völkle angekündigt, der uns in einen Gasthof einladen wollte. So überbrückten wir die Zeit bis dahin mit Kaffee und Kuchen und Rosenbeeten im nahegelegenen Landhaus Ettenbühl. Hier würden wir, das versprachen wir uns hoch und heilig, einen Großeinkauf machen, wenn wir erst einmal einen eigenen Garten hätten. Egal, ob gekauft oder gemietet. Vielleicht war der Tag ja gar nicht mehr fern.

Den ehemaligen Winzerhof von Bernd Völkle kannte ich schon von Atelierbesuchen zur Vorbereitung unserer Ausstellung. Das herrschaftliche Wohnhaus mit dem Sandsteinportal, die Nebengebäude, die sich um einen kopfsteingepflasterten Hof herum gruppierten. Das ummauerte Seerosenbecken, in dem riesige Goldfische schwammen, die Oleander, die üppig wuchernden Glyzinien und Weinranken. Eine geradezu provençalisch anmutende Idylle, die auch Corinna sofort gefangen nahm. Und dazu die Kunst, seine geschnitzten, gehauenen und gemalten Werke, denen man auf Schritt und Tritt, an allen Ecken und in allen Winkeln seines Anwesens begegnete. Bernd Völkle hatte einen Tisch im Hirschen reserviert, einem Gasthof in der Nachbargemeinde Holzen. Da saßen wir nun unter alten Kastanien und berichteten von unserer Besichtigung.

»Die Eigentümerfamilie kenne ich. Von dem Großvater hab ich damals meinen Hof gekauft, und in dem Haus oben am Weinberg bin ich auch schon gewesen.« Wir erfuhren, dass unser potenzieller Vermieter ein erfolgreicher Sportschütze war und wohl sogar an Olympischen Spielen, da war sich unser Gastgeber allerdings nicht ganz sicher, teilgenommen hatte.

»Dann kann man auch verstehen, dass er Besseres im Kopf hat, als Häuser zu vermieten.« Ich konnte mir ein Grinsen nicht verkneifen, als ich erzählte, wie wir ihn und seine Frau beim Rundgang erlebt hatten. »Sieht jedenfalls so aus, als wäre sie es, die die neuen Bewohner aussucht.«

Wir wechselten das Thema. Sprachen über das Leben auf dem Land und wie es ist, wenn man nicht täglich im Kunstbetrieb unterwegs ist. Völkle war ja das beste Beispiel dafür, dass man als Künstler überregional wahrgenommen werden, erfolgreich sein konnte und gleichzeitig einen ländlichen Rückzugsort hatte. Kontakte pflegen und nutzen, privat wie beruflich – warum sollte das so nicht auch für uns gelten?

Es war bereits dunkel, als wir aufbrachen. Plötzlich hatten wir Lust, noch einmal zum Haus zu fahren. Diesmal stellten wir das Auto unten bei der Kirche ab und gingen zu Fuß die letzten Meter hoch in den Weinberg. Auf dem Weg vor dem Haus blieben wir stehen. Der Himmel war übersät von Sternen. Am Horizont schimmerten Lichter, vielleicht noch in Deutschland, vielleicht schon Frankreich, vielleicht die Schweiz. Und Grillenzirpen in die warme Stille hinein. Wir hielten den Atem an. Ein magischer Moment. Es war so schön, dass es fast schon schmerzte.

Den nächsten Morgen begann ich zu googeln. Über unseren Sportschützen wollte ich doch noch etwas mehr erfahren. Zur Teilnahme an Olympischen Spielen gab es keinen Eintrag, das war wohl eher Legendenbildung. Aber auf YouTube wurde ich fündig. Unser scheuer Hausbesitzer im afrikanischen Busch, wie er, umgeben von einheimischen Helfern, in gebückter Haltung und mit der Flinte im Anschlag hinter irgendeinem Großwild her pirscht. Oder war es nur ein Warzenschwein? Das war nicht sicher auszumachen. Ein kurzes, etwas unscharfes Video, das unsere Vermutung bestätigte: Nicht so sehr die Sorge um das Elternhaus war sein Ding, es war die Jagdleidenschaft, die ihn umtrieb und ihm sicherlich den Respekt seiner Schützenbrüder einbrachte. Ob auch den seiner Frau, war leider nicht überliefert.

Nein, Scherz beiseite, wir warteten ungeduldig auf eine Nachricht. Und mussten lange warten. Sehr lange. Nach zahllosen vergeblichen Versuchen meinerseits meldete sie sich, und sprach von noch anderen Interessenten, welche 200 Euro mehr geboten hätten, als die ausgeschriebenen 1000. Sie wolle noch etwas zuwarten. Das sah nicht gut aus. Wieder gingen Wochen ins Land. Schließlich erwischte ich sie dann doch noch einmal am Telefon. Das Haus sei inzwischen vermietet. So lapidar, so kurz, so bündig.

Und wir, wie befreiten wir uns aus diesem Gefühlsschlamassel? Mit solchen Gedanken wie: 200 Euro mehr geboten? Sollen sie doch sehen, ob sie mit denen froh werden! Wir wären es mit solchen Vermietern jedenfalls nicht geworden! Die Entrüstung über dieses unseriöse Verhalten tat richtig gut. Und zur Miete wohnen, das wollten wir uns gar nicht mehr vorstellen. So endete unser Ausflug ins vermeintliche Paradies.

MUGGARDT
HAUS MIT TRAKTOR

Muggardt? Nie gehört. Irgendwo in den Hügeln hinter Müllheim. Zwei Tage nach unserem Termin in Tannenkirch, als dort noch alles offen schien, fuhren wir erneut in dieselbe Richtung. Nur nicht so weit. Auf halber Strecke zwischen Laufen und Britzingen verließen wir die L125 und bogen in eine kleine Nebenstraße ein, die weiter hoch bis zum Wald führte. Wir schauten nach links und schauten nach rechts. Jetzt waren wir aber wirklich in den Weinbergen gelandet! Wenn mittendrin, dann hier. Die Rebstöcke um uns herum schienen nur auf die Lese zu warten. Hügelauf und hügelab, soweit das Auge reichte. Eigentlich hätte man zwecks Mundraub anhalten müssen, aber das neue Objekt lockte uns weiter. Fotos hatten wir noch keine gesehen, doch die kleine Anzeige in der Badischen Zeitung war uns aufgefallen: Haus mit Nebengebäuden und Hanggrundstück, Verhandlungsbasis 285.000 Euro. Das klang nach bäuerlichem Anwesen. Nicht das erste, für das wir uns interessierten. Sollten wir es noch einmal versuchen? Zum letzten Mal? Die nette Stimme des Verkäufers am Telefon gab den Ausschlag.

Nach wenigen Metern ins Dorf hinein erreichten wir eine Straßengabelung, an der ein paar Häuser standen. Weit herunter gezogene Satteldächer, Fenster mit Sandsteinsimsen und Klappläden, breite Hofeinfahrten, die nach hinten zu den Scheunen führten. Wir verglichen die Hausnummern, hier war es.

Der Verkäufer stand schon am Tor. Mitte 30, kräftige Statur, fester Händedruck, offener Blick. Kurze Begrüßung, dann ging's ins Haus. Erst in den Keller, den man durch eine Holztür von der Straße aus betreten konnte. Lehmboden, unverputzte Bruchsteinwände, schwere Deckenbalken, die auf schön behauenen Sandsteinwiderlagern ruhten, verstaubte Holzregale mit vollen Einweckgläsern. Die seien noch von der Mutter. Beim Weitergehen erzählte er uns seine Geschichte. Vor einem Vierteljahr sei auch der Vater gestorben, jetzt wolle er das Haus verkaufen. »Eigentlich lebe ich in Südafrika. Dort hab ich zusammen mit einem Freund eine Reiseagentur. Als mein Vater nicht mehr allein zurechtkam, bin ich heimgekommen, um ihn zu pflegen und den Hof zu versorgen. Das ist jetzt drei Jahre her. Sobald ich einen Käufer gefunden habe, gehe ich zurück.«

Wie er das sagte, klang das völlig normal. Eine Selbstverständlichkeit, dass der Sohn nachhause kommt, um für seinen Vater da zu sein. Nur mal eben so, für drei lange Jahre und von einem fernen Kontinent! Das öffnete plötzlich den im ersten Moment so abgeschlossen, von der Welt fast wie abgeschieden wirkenden Umkreis des Dorfes. Muggardt und Johannesburg und die Nothilfe für den Vater. Wie nah rückte auf einmal alles zusammen. Und wie berührend war der Zusammenhalt dieser Familie.

Wir standen in der Küche. Die sowieso schon sehr niedrige Decke verlor Richtung Fenster und Spüle ungefähr 20 Zentimeter an Höhe. Ein großer Kachelofen in der Stube ersetzte die nicht vorhandene Zentralheizung. Unterm Dach waren noch zwei kleinere Zimmer, ausgebaut mit Bücherregalen, Wandschränken und einem weiteren Kachelofen für gelegentliche Besuche der Tante. Leider war auch hier, wie in vielen alten Häusern, die wir jetzt schon angeschaut hatten, kaum mehr etwas von der ursprünglichen Einrichtung vorhanden. PVC auf den Dielen, Styroporplatten an den Decken, Fenster ohne Sprossen: Die Modernisierungswelle der 1970er und 80er Jahre hatte auch vor diesem Haus nicht haltgemacht.

Etwas ernüchtert traten wir wieder ins Freie und blieben vor der geöffneten Garage stehen, in der ein uralter Traktor untergestellt war. Grünes Blechkleid und rote Felgen.

»Das war der ganze Stolz vom Vater.« Fast zärtlich legte der Sohn eine Hand auf die Motorhaube. Beeindruckt schaute ich ihn an. »Ich kenn mich da nicht aus, aber das ist ja ein richtiges Museumstück.«

»Ein Deutz D25, Baujahr 1961, 25 PS. Stark wie ein Bulle. Auf dem durfte ich schon als kleiner Junge mit aufs Feld fahren. Und später dann auch alleine. Betriebsbereit ist er übrigens immer noch.« Die Begeisterung war ihm anzusehen. Ich konnte mir gut vorstellen, wie er mit seinem Vater am frühen Morgen vom Hof getuckert war, wie die Mutter das Motorengeräusch noch hören konnte, wenn ihr Mann mit dem Sohn schon längst hinter der nächsten Kurve verschwunden war.

»Und jetzt, was passiert jetzt damit?«

»Den verkauf ich über Ebay.«

»Und was muss man dafür bezahlen?«

»Ein paar Tausender sollten es schon sein.«

Links von der Garage ging es in die Scheune. Eine offene Balkenkonstruktion mit mehreren Etagen, auf denen hoch aufgetürmte Wellen und dicke Holzscheite, Werkzeug, Aluleitern und allerlei landwirtschaftliche Gerätschaften lagerten. Alles war aufgeräumt und sortiert, man sah sofort, was der Sohn geleistet hatte in den drei Jahren, als der Vater die Arbeit nicht mehr bewältigen konnte. Über ein paar Stufen gelangten wir in den am Hang liegenden Garten. Gemüsebeete, ein Nussbaum, Johannisbeersträucher, eine von Weinreben überwucherte Pergola aus Eisenstangen. Auch da hatte er offensichtlich ein Auge drauf.

Die Aussicht von hier oben war ganz anders als in Tannenkirch. Kein Blick in die Weite der Rheinebene, sondern hinein in das Dorf, zu der kleinen Kapelle, in die Gassen zwischen den eng aneinander gekauerten Häusern mit den steilen Dächern, die ihren Platz am Waldrand wie in einer schützenden Nische gefunden hatten. Was uns dort so fern und unbegrenzt erschienen war, war hier ganz nah, ganz unmittelbar in der Nachbarschaft

der Menschen, die nach der Arbeit in der Stadt ihre Feierabend-
tätigkeit verrichteten, in die Reben gingen, zu den Obstwiesen,
auf die Felder.

Zurück im Haus beugten wir uns über Auszüge aus dem Liegen-
schaftskataster, die der Verkäufer für uns kopiert und auf dem
Küchentisch bereitgelegt hatte. So konnten wir uns noch einmal
ein Bild über die Grundstücksgröße und die angrenzende Bebauung machen. Unmittelbar nebenan hatten Leute aus Frankfurt
ein ähnlich altes Haus saniert und sich als Ferienquartier eingerichtet. So ähnlich würde das auch in unserem Fall sein können.
Nur eben als feste Bleibe.

Mit einem zwiespältigen Gefühl verabschiedeten wir uns. Untereinander verständigt hatten Corinna und ich uns noch nicht,
aber beide ahnten wir bereits, dass wir uns auch dieses Mal
nicht zu einem Kauf würden entschließen können. So nah uns
die Geschichte des Hauses und seiner Bewohner auch ging, so
sehr uns die Aussicht auf ein ländliches Leben in diesem Dorf, in
diesem stillen Winkel des Markgräflerlands auch verlockte, so
klar wurde uns doch schon auf der Heimfahrt, dass unser neues
Zuhause anders sein sollte. Wie genau anders, konnten wir auch
jetzt, nach fast einem Jahr der Suche, nicht sagen, aber eher wie
eine Schnittstelle musste es sein, wie ein Übergang zwischen
Stadt und Land, zwischen alt und neu, zwischen vertraut und
fremd. Zum Glück waren wir keine Maler, wir hätten nicht ge-
wusst, welche Gestalt wir unserem Traum hätten geben sollen.

DIETENBACH
ZIEGENSTALL MIT POTENZIAL

Eigentlich hatten wir uns von der ländlichen Idylle verabschiedet. Es war ja doch immer wieder nicht das, was wir suchten. Mit dieser Erkenntnis waren wir aus Muggardt heimgekommen. Und mit diesem etwas wehmütigen Gefühl waren wir schlafen gegangen. Am nächsten Tag, wieder schien die Sonne, hatte Corinna einen Termin in der Stadt. Und in mir arbeitete es weiter. Sollte ich mich nicht doch noch einmal auf den Weg in die nächste Umgebung machen? Ein wirklich allerletztes Mal? Unser Abschied vom Landtraum war Stand gestern. Jetzt war Stand heute. Und es war ja mit keinerlei Aufwand verbunden. Wenn Corinna wieder nach Hause kam, würde ich längst zurück sein. Nur schnell musste es gehen. Also entschied ich mich gegen das Fahrrad und stieg ins Auto. Sechs Kilometer Richtung Kirchzarten, dann rechts ab und die Straße nach Dietenbach. Ein herrliches Fleckchen Erde. Wiesen und Felder, vorbei am Landgasthof »Rössle«, ein paar vereinzelte Höfe und Häuser, die vom Glück begünstigte Menschen dort geerbt oder sich gebaut hatten. Ein Segelflugplatz und oberhalb, weit oben, an die dreizehnhundert Meter hoch, der Freiburger Hausberg, der Schauinsland. Schöner gings nicht. Lass es unversucht, und du wirst dir ewig Vorwürfe machen, wenn du irgendwann bei einem Spaziergang feststellen musst, dass da ein kleines, unscheinbares Gemäuer zu einem schnuckeligen Häuschen ausgebaut worden ist. So rechtfertigte ich vor mir selbst meinen heimlichen Ausflug.

Um es gleich zu sagen: Natürlich wurde es ein Flop. Ein für mich peinlicher dazu. Ich war schon wieder auf der Rückfahrt, bisher hatte ich nichts entdeckt, was sich zum Ausbau à la Kirnbach geeignet hätte – das Werkstattgebäude steckte immer noch in unseren Köpfen. Die letzte Wegstrecke führte an einem Hügel entlang, kurvig, leicht auf und ab, da sah ich es: ein aus Feldsteinen gemauertes, an einen alten sizilianischen Ziegenstall erinnerndes Gebäude, das vermutlich zu dem gegenüberliegenden Hof gehörte. An der Straßenfront zwei Eingänge mit derben Holzbrettertüren, dazwischen ein kleines vergittertes Fensterchen, auf dessen Sims ein Tontopf mit Geranien stand. Unter dem Giebel befand sich ein zweites Fenster, einen Dachboden hatte es also auch. Seitlich in einigem Abstand eine Pferdekoppel mit Unterstand. Im Schritttempo fuhr ich vorbei. Wäre es nicht etwas übergriffig, als Fremder einfach so mit der Tür ins Haus zu fallen und ein Kaufangebot zu machen? Andererseits: Vielleicht standen ja gerade wichtige Investitionen an und, sagen wir, 80.000 Euro für das alte Gemäuer, das man vielleicht gar nicht brauchte, kamen wie gerufen. Wer wusste das schon?

Ich wendete, fuhr zurück und stellte den Wagen in der Einfahrt zu dem Bauernhof ab. Jetzt erst bemerkte ich das Schild: Bio-Produkte aus eigener Herstellung. Welch' glücklicher Zufall, dachte ich mir, da kannst du was Gesundes zum Essen kaufen und so nebenbei nach dem Häuschen fragen. Ich lief auf den Hofladen zu. Weiter hinten bei der Scheune hantierte ein jüngerer Mann mit irgendwelchen Maschinen, neben ihm spielte ein kleines Mädchen mit einer Katze. Beim Betreten des Hofladens resümierte ich in Sekundenschnelle: Biobauernhof, junge Leute mit Kind, expandierender Betrieb, pädagogisch wertvolle Angebote wie therapeutisches Reiten, Ausbau des alten Gemäuers zum Backhaus, Schaubacken, das lag doch im Trend. Für all diese Aktivitäten gab es sicherlich längst eine Kreditzusage zu günstigen Konditionen, falls überhaupt notwendig. Was sollte da mein Angebot? Die Erfolgsaussichten für eine Kaufanfrage, das musste ich mir eingestehen, waren suboptimal. Doch jetzt stand ich schon vor der Theke und wollte es durchziehen. Die junge

Bäuerin war im Käsereibereich tätig. Ich wartete. Und wartete. Und langsam, aber unaufhaltsam schwand meine Überzeugung. Als sie schließlich zu mir kam und mich nach meinem Wunsch fragte, gelang es mir gerade noch, auf den erstbesten Käse zu zeigen, der vor mir auf dem Tresen lag, eher eine Art fester Quark in Plastiktüte, die wohl die suppige Konsistenz dichthalten sollte. Ich zahlte, verließ ohne ein weiteres Wort den Laden, sah noch den jungen Bauern über den Hof kommen und machte mich davon. Wieder im Auto, war ich heilfroh, gerade noch die Kurve gekriegt zu haben. Der spinnt, der Alte, hätten sie vermutlich über mich gesagt, was will der denn hier bei uns? Sein Leibgedinge bauen? Als Luxusresort? Auf unserem Hof?

Als Corinna aus der Stadt zurückkehrte, bekam sie nur eine schlichte Kurzfassung meines Ausflugs zu hören. Und der Weichkäse? Der hatte schon nach wenigen Stunden seine Farbe so verändert, dass wir uns, angesichts des nicht gerade günstigen Preises nur schweren Herzens, für eine naturverträgliche Entsorgung via Mülltrennung entschieden. Die Plastiktüte in den gelben Sack, das Bio-Produkt in die Restetonne.

FREIBURG
WOLKENKUCKUCKSHAUS

Immer noch Spätsommerwetter mit Temperaturen bis weit über 30 Grad. Meine Oberschenkel brannten, die Pumpe arbeitete auf Hochtouren. Das war nicht der Mont Ventoux, den ich da erklomm, es war nur die Eichbergstraße im begehrten Freiburger Stadtteil Littenweiler. Aber trotzdem kam ich mir vor wie bei der Bergetappe hinauf zu der mörderischen Gipfelankunft der Tour de France. Die letzte Steigung noch, eine fiese Linkskurve, bevor die Straße in ein flacheres Teilstück überging.

Dass ich hier bei der Hitze überhaupt unterwegs war, lag an unserem Freund Walter, der uns per E-Mail auf ein Objekt ganz in unserer Nähe aufmerksam gemacht hatte. »Es gibt in Littenweiler das ideale Haus für Euch. Vielleicht braucht Ihr von den Kindern finanzielle Unterstützung, die sich damit aber auch Anteile erwerben könnten. Unbedingt ansehen, wirklich sehr schön und gut gelegen.«

Wobei man wissen muss, dass Walter selbst acht Kinder hatte. So wie seine Sprösslinge waren auch unsere Töchter keineswegs schon in der Lage, uns Eltern finanziell unter die Arme zu greifen. Aber egal, es war ja nur gut gemeint. Und gut gemeint war auch der Tipp, mich schnellstens mit einem Bekannten in Verbindung zu setzen, der in direkter Nachbarschaft zu dem fraglichen Haus wohnte und sicherlich Näheres dazu sagen könnte. Dieser Bekannte war, wie auch Walter, Mitglied des kirchlichen Ältestenrats, der ja nicht nur die Verantwortung für die Geschicke der Gemeinde hatte, sondern auch das Ohr ganz nah an den neuesten Neuigkeiten vor Ort. Ich rief ihn an. Er bestätigte die Information unseres Freundes. Und schilderte seine Befürchtungen, dass das leerstehende Haus womöglich durch einen bombastischen Neubau ersetzt werden könnte, der ihm und seiner Familie nicht nur über Monate hinweg die Ruhe, sondern auch den Blick ins Dreisamtal für immer zu rauben drohte. Er flehte mich fast an, das Haus zu kaufen, um diese Gefahr abzuwenden.

Schwer atmend klickte ich mich aus den Pedalen. Ich hatte das Etappenziel, um im Tour-de-France-Jargon zu bleiben, gerade noch rechtzeitig vor dem Einsammeln durch den Besenwagen erreicht. Rechts über mir das Haus in bevorzugter Hanglage, wie ein Makler vermutlich sagen würde. Wirklich schön, sehr schön sogar. Eine repräsentative Villa aus den 1950er Jahren mit großen Sprossenfenstern, breiten Dachgauben und einem parkartig angelegten, allerdings ziemlich verwilderten Garten. Dem konnte man mit Spitzhacke, Heckenschere und Ausdauer vielleicht noch beikommen. Der Aufwand für die Renovierung des Hauses aber, für diese Einschätzung genügte ein kurzer Blick, würde allein schon wegen der gesetzlichen Vorgaben zur Energieeffizienz ungleich höher werden. Ich hatte genug gesehen, packte mein Rad und schwang mich wieder in den Sattel.

Mit dem nötigen Kleingeld, dachte ich, während ich den Berg runter rollte, mit dem nötigen Kleingeld könnte man was draus machen. Doch allein schon das Grundstück war unerschwinglich, da brauchte es keinen Gutachter. Eine Million in dieser Lage würde wohl kaum reichen. Wie war Walter, fragte ich mich, tief über den Lenker gebeugt und den Fahrtwind im Gesicht, nur darauf gekommen, uns dieses Wolkenkuckuckshaus vorzuschlagen?

Wieder zuhause schrieb ich ihm eine entsprechende E-Mail: Gut gemeint, danke, aber du kennst die Preise hier nicht. Für unseren Geldbeutel ist das leider ein paar Nummern zu groß. Unser Freund war nämlich nach der Wende für 16 Jahre als Chefarzt einer Kinderklinik nach Torgau gegangen und hatte sich wohl seit

seiner Rückkehr als Rentner noch nicht so richtig schlau gemacht über die Immobiliensituation im »gesegneten« Westen.

Übrigens: Mit Walters Bekanntem und dessen Familie sollte es
einige Monate später zu einem unerwarteten Wiedersehen kommen. Aber so weit sind wir mit unserer Geschichte noch lange
nicht.

LAHR
FACHWERK MIT GÄRTCHEN

Eine Doppelhaushälfte in Lahr. Warum nicht? Wenn die Architektur stimmt? Und das Drumherum? Ländliches Leben hatten wir zuletzt genug gehabt, nun also wieder einmal der Urbanität eine Chance. Urbanität? War bei einem Mittelzentrum wie Lahr dieser Begriff überhaupt angebracht? Wir fanden, ja! Denn auch Lahr war für uns immer wieder eine Reise wert gewesen. Das lag vor allem an dem Freiburger Künstlerpaar Oda und Roland Bischoff, das in seinem dortigen Atelier neben den eigenen Arbeiten von Zeit zu Zeit auch die Werke von anderen Künstlern zeigte und damit einen Treffpunkt für Freunde und Bekannte geschaffen hatte. Außer der Kunstszene verfolgten wir aber auch mit Interesse die Integrationsbemühungen, für die Lahr weit über die Stadtgrenzen hinaus bekannt geworden war. Eine offene Gesellschaft, eine allem Fremden gegenüber aufgeschlossene Nachbarschaft, unabhängig von der Einwohnerzahl, das war für uns in Freiburg selbstverständlich, und das wünschten wir uns auch für die Zukunft. Hier in Lahr schien es gegeben zu sein.
Eine Doppelhaushälfte also. Das klang erst einmal nicht besonders verlockend. Doch es handelte sich nicht um ein x-beliebiges Standardangebot, das wir bei ImmoScout24 entdeckt hatten, sondern um ein Gebäudeensemble aus der ersten Hälfte des 20. Jahrhunderts, dessen spiegelbildlich angelegten zwei Teile mit ihrer Giebelseite zur Straße hin ausgerichtet waren. Die Symmetrie der Architektur wurde noch durch eine mansardenartige Gaubenkonstruktion betont, die beide Dächer wie eine Querspange miteinander verband. Das Fachwerkornament im Giebelbereich erinnerte uns an bretonische oder normannische Häu-

ser, wie wir sie in unseren Ferien am Atlantik bewundert hatten. Ein solches Objekt war uns bisher noch nicht begegnet, das mussten wir natürlich in natura sehen. Und schauen, was es für 150.000 Euro bieten würde.

Der Makler, auf den wir vor dem Haus warteten, war ein drahtiges Männchen, das mit einer riesigen Umhängetasche auf dem Rad eilfertig daherkam. Als hätte er unsere architektonische Urlaubsassoziation verstärken wollen, hatte er ein blauweiß geringeltes langärmeliges T-Shirt an. Seine Verspätung entschuldigte er mit einem kurzfristig angesetzten Termin im Rathaus. Er sei Städtischer Angestellter und arbeite für das Maklerbüro nur im Nebenjob. Vielleicht war das auch der Grund dafür, dass er uns kaum etwas über die Geschichte des Hauses zu erzählen wusste. Ein Mangel, den wir gerade nach den intensiven Begegnungen der letzten Wochen besonders stark empfanden.

So gingen wir mehr oder weniger schweigend von Raum zu Raum und von Stockwerk zu Stockwerk und waren zusehends erschüttert: wie bescheiden, ja einfach die Bewohner hier gelebt hatten. Ursprünglich wohl der ganze Stolz seiner Eigentümer, war das Haus heute in einem beklagenswerten Zustand. Die Bausubstanz an sich schien zwar recht ordentlich, doch was man auf den Fotos der Anzeige nicht erkennen konnte: Der Putz bröckelte, das Holzwerk war ausgeblichen und spröde, die schönen alten Biberschwanzziegel waren verrußt und gesprungen. Im Innern sah es nicht besser aus. Je länger der Rundgang dauerte, umso mehr verstärkte sich unser Eindruck, dass hier seit Jahrzehnten nichts gemacht worden war. Ganz offensichtlich hatten die alten Leute kein Auge mehr für den Sanierungsbedarf vor allem der Sanitäreinrichtungen gehabt oder weder die Kraft noch das Geld, etwas daran zu ändern. Zudem war der Keller feucht, weil die alten Sandsteinmauern das Wasser anzogen. Die Erklärung des Maklerbeamten, das sei hier in der Gegend bei vielen Häusern so und nicht weiter bedenklich, war uns nicht wirklich eine Beruhigung. Hinter dem Haus das kleine Gärtchen hatte zwar das Zeug zur Spitzweg-Idylle, nur dass ein Garagenhof auf der einen und ein Mehrfamilienhaus mit Hüpfburg und Trampolin auf der anderen Seite nicht gerade beschauliche Stunden im Liegestuhl versprachen. Vom oberen Stockwerk aus sahen wir, dass am Eingang schon die nächsten Kaufinteressenten warteten. Kein Problem, wir hatten genug gesehen.

Auf der gegenüber liegenden Straßenseite befand sich eine Dachdeckerei. Im Hof war der Chef gerade am Beladen seines Lieferwagens. Eine günstige Gelegenheit zu erfahren, mit welchem Betrag man bei der sicherlich notwendigen Neueindeckung des Dachs inklusive Dämmung rechnen müsste. Nur mal so als Beispiel. Offenbar hatte der Mann das Nachbarhaus schon längst im Auge. Die Antwort kam jedenfalls prompt: Das Ganze sei ja ziemlich verwinkelt. Mit 40.000 Euro müsse man da rechnen. Nur für das Dach! Das war ein Batzen Geld! Und deutete an, was eine Sanierung insgesamt kosten würde.

Inzwischen war es Nachmittag geworden. Berufsverkehr. Ein Auto nach dem anderen rollte an uns vorbei. Was bei unserer Ankunft noch wie eine verkehrsberuhigte Zone wirkte, entpuppte sich nun als Durchgangsstraße zu dem weiter oben liegenden neuen Wohnquartier. Auch die umliegenden Straßen mit ihrer an englische Häuserzeilen erinnernden Bebauung waren voller parkplatzsuchender Pendler, die von der Arbeit nach Hause kamen. So hatten wir uns das nicht gedacht. Wieder einmal, das mussten wir uns spätestens jetzt eingestehen, endete die Besichtigung mit einer lapidaren Erkenntnis: eigentlich schön, aber nichts für uns.

SULZ
SECHSER IM LOTTO

Auf der Rückfahrt von Lahr wollten wir nur nochmal kurz schauen, ob sich an dem Bauernhaus in Sulz schon irgendetwas verändert hatte. Es lag ja praktisch auf dem Weg nachhause. Als wir ins Dorf hineinfuhren, an dem schönen Gasthof und der Volksbankfiliale vorbei, um den Kirchplatz herum, auf das alte Hoftor zu, fühlte es sich fast ein bisschen wie heimkommen an. Doch getan hatte sich noch nichts, vielleicht war es noch nicht einmal verkauft. Wir wendeten und sahen im Wegfahren etwa 100 Meter weiter die Straße hoch ein Haus mit grünen Fensterläden. Corinna erkannte es sofort: Das stand doch seit ein paar Wochen im Netz, hatte uns aber bisher nicht besonders interessiert. Wir hielten an und stiegen aus – warum nicht, wenn wir schon da waren. Ein schmales Häuschen mit Fachwerk im Obergeschoss. Puppenstubencharme. Mit dem gewissen Etwas, wie das Haus in Lahr. Komischer Zufall, dachten wir, diese Ähnlichkeit, als wäre heute unser Frankreichferientag. Ich machte ein paar Fotos, dann gingen wir die Straße noch etwas weiter und rechts herum über einen Feldweg, bis wir oberhalb des Hauses angelangt waren. Die Aussicht von hier oben war unglaublich. Die ins warme Licht der Abendsonne getauchten Dächer, der filigran zugespitzte Kirchturm, die Streuobstwiesen ringsum, in der Ferne die bläuliche Silhouette der Berge. Wie weit wohl das Grundstück reichte? Corinna meinte, sich von der Anzeige her zu erinnern, dass es hinter dem Haus noch ein gutes Stück den Hang hoch ging. Zu blöd, dass wir mit unseren alten Handys unterwegs kein Netz hatten. Dann sollten wir das zuhause auf jeden Fall noch einmal überprüfen.

Die Beschreibung auf ImmoScout24 bestätigte unsere Vermutung. Und auch der Google-Blick von oben zeigte, dass das Grundstück fast bis zu der Stelle reichte, wo wir gestanden hatten. Die 169.000 Euro, die in der Anzeige als Verhandlungsbasis genannt waren, schienen uns realistisch, im Vergleich zu Lahr sogar günstig. Vorausgesetzt, der Zustand, wie immer die große Unbekannte, war einigermaßen. Das aber würde sich erst bei einer Besichtigung herausstellen. Wir hatten Glück, der Makler war trotz Freitagnachmitttag noch im Büro und bot uns einen Termin schon für den Montag an.

Man erwartete uns bereits. Der Makler und die Eigentümer, etwas älter als wir, die in der Nachbarschaft wohnten und das Haus der Eltern verkaufen wollten. Vermutlich hatten sie gerade noch schnell ein paar Dinge abgesprochen. Wie hoch der Verhandlungsspielraum sein sollte. Oder was an alten Möbeln übernommen werden konnte. Zum Beispiel.

Die Eigentümer verabschiedeten sich, wir starteten den Rundgang. Und alles war so, wie schon tausendmal erlebt. Disappointment as usual sozusagen. Einfachste Ausstattung. Statt Dielenböden PVC-Platten und abgenutzte Auslegware. Großgemusterte vergilbte Tapeten, auf denen abgehängte Bilderrahmen ovale und rechteckige Stellen in den ursprünglichen Braun- und Orangetönen hinterlassen hatten. Gekrümmte Ofenrohre bis unter die Decken. Dahinkümmernde Orchideenkulturen auf den Fensterbänken. Kruzifixe und Barometer an glaubens- und wetterstrategisch wichtigen Punkten des Hauses. Eine Ehrenurkunde des Männergesangvereines. Da konnten auch die schöne Holztreppe und die entzückend kitschigen Badezimmerfliesen den Gesamteindruck nicht retten.

Doch das war noch nicht alles. In dem angrenzenden Schuppen, der das Haus zur Seite hin um einiges überragte und jede Menge Raumreserve bot, lief der Makler zur Hochform auf. Ein unüberhörbarer Österreicher, der früher, wenn man ihm denn glauben wollte, mit mehreren Firmen selbständig gewesen war, ein Vermögen verdient hatte, dann aber aus gesundheitlichen Gründen gerade noch rechtzeitig aus dem Hamsterrad ausgestiegen war, um in Makler zu machen. Und uns jetzt mit wienerisch-derber Eloquenz auf die Nerven ging. Der Ausbau von mit Hornissennestern bestückten Dachböden schien seine Spezialität zu sein. Was man hier alles machen könne. Platz genug für Wellness-Oasen und wer weiß was noch alles. Es verschlug uns die Sprache. Beim Erklimmen des dschungelartigen Hanggrundstücks hinter dem Haus regulierte sich sein Verkaufsfuror schließlich von selbst. Mit hochalpiner Todesverachtung hangelten wir uns fast senkrecht über glitschige Betonstufen an einem knallgrünen gartenschlauchartigen Handlauf nach oben, wo die Steilwand in ein flacheres Wiesenstück überging. Hier hatten wir am Freitag schon gestanden und die Aussicht genossen. Es dauerte, bis unser Führer wieder Luft zum Reden hatte. Dann aber kam es, sein ultimatives Argument: »Wenn hier erst einmal der Bebauungsplan geändert wird, ist das wie ein Sechser im Lotto.« Das klang, als hätte er ein Fernseh-Praktikum bei Franziska Reichenbacher gemacht. Darauf aber wollten wir nicht warten. Zu eng, zu steil, zu feucht, Und zu spekulativ. Trotz Glücksversprechen.

Unsere Suche nahm Fahrt auf. In den letzten drei Wochen hatten wir sieben Häuser besichtigt. Es war ja nicht so, dass wir nichts anderes zu tun gehabt hätten. Doch eigentlich schielten wir, wenn wir beim Frühstück saßen, als allererstes nach den neuesten Angeboten, die uns per Immobilienfilter mit den von uns gesetzten Rahmenbedingungen ins Haus flatterten. Der wichtigste Filter war das Limit von 350.000 Euro, die Summe, die wir durch den Verkauf unserer

Wohnung zu erzielen hofften. Was bedeutete, dass wir selbst Objekte, die nur unwesentlich teurer waren, gar nicht erst zu Gesicht bekamen. Ein blöder Fehler. Denn hätten wir die Grenze bei, sagen wir, 400.000 Euro angesetzt, wären vermutlich Häuser in besserem Zustand darunter gewesen, als diejenigen, die wir zwar besichtigt, an die wir uns aber wegen des unabsehbaren Sanierungsbedarfs, trotz mancher Vorzüge, letzten Endes doch nicht herangewagt hatten. Am Preis wäre dann im Gespräch mit den Eigentümern oder Maklern möglicherweise noch etwas zu drehen gewesen. So aber endete die Haussuche immer wieder an unserer finanziellen Schallmauer. Richtig bewusst wurde uns das eigentlich erst im Nachhinein. Dass dieser Moment nicht mehr weit entfernt war, konnten wir natürlich nicht wissen. Und dass er auf einem Zufall beruhte, erst recht nicht.

Immer häufiger stellten wir uns inzwischen die Frage, ob wir überhaupt noch ans Ziel kommen würden. Die hohe Schlagzahl der letzten Besichtigungen hatte uns zwar in Atem gehalten, war aber doch eher bedenklich als anspornend gewesen. Waren unsere manchmal im Tagesrhythmus unternommenen Fahrten vielleicht nichts anderes als gut versteckte Panikattacken angesichts des sich schon abzeichnenden Jahresendes? Wie lange sollte das noch so gehen? Den Oktober noch, vielleicht den November, dann würde der Markt fürs Erste leer gefegt sein. Wie im letzten Jahr, als sich in den Wintermonaten bis weit ins Frühjahr hinein rein gar nichts Passendes angeboten hatte. Was also tun?

Bisher waren wir ganz auf Hauskauf fokussiert gewesen, doch allmählich begannen wir uns mit der Frage zu beschäftigen, ob die Suche nach einem geeigneten Grundstück nicht erfolgversprechender sein würde. Auf dem wir dann bauen könnten. Nach unseren Vorstellungen. Im Rahmen unseres Budgets. Die Kirnbacher Werkstatt auf der Wiese hatte ja gezeigt, mit welchem Betrag wir für einen Hausbau rechnen mussten. Für ein

Grundstück blieben dann noch zwischen 50.000 und 100.000 Euro übrig. Erst einmal Eigentümer von Grund und Boden werden und dann das Haus in Angriff nehmen: Das hörte sich vernünftig an! Wir kontaktierten die Firma, die wir von Kirnbach her kannten, und baten, uns bei der Suche behilflich zu sein. Und setzten selbst einen weiteren Filter: 1000 Quadratmeter und 100.000 Euro. Von nun an wollten wir zweigleisig fahren. Haus oder Grundstück – eins von beiden sollte doch gelingen!

So starteten wir in den Herbst. Und nahmen uns vor, geduldig zu sein. Es hatte ja keinen Sinn, sich selbst zu stressen. Und dass ein wenig Glück dazu gehörte, war uns inzwischen auch klar. Die Frage war nur, wie lange wir warten sollten. Erzwingen konnte man es bekanntermaßen nicht, das Glück. Vielleicht ihm aber auf die Sprünge helfen? Mit einer Portion Mut? Und Entschlossenheit? Vielleicht funktionierte ein Hauskauf ja wie früher eine Vernunftehe, wenn die Eltern zu ihrer Tochter sagten: Nu mach mal, die Liebe kommt schon noch. Sollten wir diesem Ratschlag folgen und auf eine Liebesheirat verzichten? Oder doch unser Herz sprechen lassen? Herz über Kopf: Wenn wir ehrlich waren, hatten wir keine Ahnung, wie es weitergehen würde.

HORNBERG
HAUS AM VIADUKT

Es war nicht gerade so, dass uns ein Grundstück nach dem anderen angeboten wurde. Auch die Baufirma hatte uns signalisiert, dass es dauern könnte. So kam als nächstes doch wieder ein Haus an die Reihe. Und das zufälligerweise in einer Gegend, die wir schon bestens kannten: im Kinzigtal. Genauer gesagt im Gutachtal, das von Haslach aus in den Hochschwarzwald führte. Diesmal war Hornberg unser Ziel. Ganz fremd war uns die Stadt nicht. Ich kannte sie von früheren Besuchen bei Duravit, dem Hersteller von Sanitärkeramik und langjährigen Sponsor des Museums für Neue Kunst. Corinna und ich waren aber auch schon gemeinsam dort gewesen, als wir bei einer unserer Schiltach-Fahrten einen kleinen Abstecher gemacht hatten, um ein als herrschaftliche Schwarzwaldvilla annonciertes Objekt anzuschauen. Wir waren damals ziemlich desillusioniert wieder davongefahren. Was man nämlich auf den Fotos nicht hatte sehen können: Die Lage war völlig inakzeptabel. Eingeklemmt zwischen modernistischen Betonklötzen, wirkte das wunderschöne Gebäude wie ein Geschöpf aus vergangenen Zeiten, dem man die Luft zum Atmen genommen hatte.

Das Haus, das wir heute besichtigen wollten, befand sich in einer ruhigen, oberhalb der Ortsmitte gelegenen Wohnstraße, von der aus man eine wunderbare Aussicht auf die Schlossruine hatte. Geradezu spektakulär aber war der Blick auf das hoch aufragende Viadukt der Schwarzwaldbahn, das von rechts hinter einem Berg hervorkam und in kaum 100 Meter Entfernung als riesiger steinerner Brückenschlag mit sieben Arkaden das Gleisbett über eine Senke hinweg zur gegenüberliegenden Hangseite und zum Bahnhof trug. Wir rieben uns die Augen. Das wäre doch was für unsere Enkelkinder, wenn wir hier wohnen würden. Modelleisenbahn im XXL-Format. Und Ferienbesuche auf Jahre hinaus ausgebucht. Aber das war noch Zukunftsmusik. Wir parkten vor einer Reihe gleichartiger Häuser, alle mit Krüppelwalmdach und Fensterläden, von denen einige mehr oder weniger gelungen modernisiert, andere im ursprünglichen Zustand belassen waren. Unser Haus gehörte glücklicherweise zu den anderen. Schon mal nicht schlecht, fanden wir!

Der Makler von der LBS war jung, kompetent und gut strukturiert, sein Zeitfenster eng, aber ausreichend für uns als erfahrene Rundgänger, die wir schnell die Basics, so seine Worte, für eine Kaufentscheidung registrierten: 150.000 Euro, außen gut in Schuss, innen gepflegt, aber renovierungsbedürftig. Wir waren noch nicht ganz durch, da standen schon die nächsten Interessenten vor der Tür. So entließen wir ihn vorzeitig und nutzten die Gelegenheit, uns noch allein weiter umschauen zu können.

Erst jetzt bemerkten wir, wie eng auch hier die Nachbarbebauung war. Auf der einen Seite stand eines der modernisierten und erweiterten Häuser, viel zu mächtig für das Grundstück und mit seinen Balkons dementsprechend nah an die Grenze gerückt. Da würden wir als neue Bewohner dem Orwell'schen Big-Brother-Blick kaum entgehen können. Das Haus auf der anderen Seite, direkt unterhalb des Viadukts, war zwar romantisch eingewachsen, bei genauerem Hinsehen aber völlig runtergekommen und vermutlich abbruchreif. Abbruchreif war auch die hangseitige Giebelfassade unseres Hauses, die von oben bis unten mit Eternitplatten verschalt war. Ihre Entsorgung würde bei einem Kauf die erste Maßnahme sein müssen. Im rückwärtigen Teil des Erdgeschosses befand sich eine Werkstatt. Ein großer leerer Raum mit unverputzten Backsteinwänden, den man mit einer Glasfront zum Garten hin öffnen und zu einem modern gestalteten Wohnbereich machen konnte.

Auch der Garten selbst beflügelte unsere Phantasie. Wie bei fast allen bisherigen Objekten stieg er steil hinter dem Haus an, war aber mit schönen Steinstufen und Mäuerchen terrassiert und gut begehbar. Am oberen Ende thronte ein kleines, leicht wind-schiefes Gartenhäuschen, ein geradezu ideales Seelebaumeln-Refugium. Umbau- und Nutzungsmöglichkeiten gab es also ge-nug.

Mit einem kurzen Abschiedsgruß an den vielbeschäftigten LBSler verließen wir das Haus und schlenderten die Straße hinunter in den Ort. Unser Eindruck war zwiespältig. Ein interessantes Ob-jekt, zweifellos, aus dem man etwas machen konnte. Einerseits. Andererseits eine problematische Nachbarschaft und eine Stadt, die mit Schiltach oder Wolfach nicht konkurrieren konnte. Kein richtiges Zentrum, langweilige Schaufenster, Bausünden überall, ein Bahnhof mit »Out of Rosenheim-Feeling«, so verlassen und öde, wie er wirkte. Nur die kleine gotische Kirche, ganz in der Nähe des Hauses gelegen, verbesserte die Bilanz. Genauer ge-sagt das anscheinend lebendige Gemeindeleben, von dem uns eine nette Reinigungsfrau zwischen Altar und Kanzel vor-schwärmte. Und wir sollten uns unbedingt einmal eine Predigt des Pfarrers anhören, wenn nicht in einem Gottesdienst, dann wenigstens im Internet. Eine überraschende Empfehlung, der wir zuhause folgen würden. Das nahmen wir uns auf dem Weg zurück zum Auto fest vor.

Statt der gewohnten Heimfahrt übers Kinzigtal nutzten wir dies-mal eine Abkürzung, die sich von Hornberg aus in steilen Ser-pentinen zum Wald hoch kurvte, um auf der anderen Seite des Bergrückens in sanften Schwüngen durchs Elztal und an Wald-kirch vorbei heimwärts zu führen. Sollte das unsere Verbindung nach Freiburg werden? Im Winter, wenn die Straßen abseits der Hauptstrecke von den Räum- und Streufahrzeugen mehr schlecht als recht versorgt waren? Wir konnten uns das kaum vorstellen. Doch wie wichtig würde Freiburg in Zukunft für uns überhaupt noch sein? Heimweh oder Heimischwerden: Das war die Frage, die uns niemand beantworten konnte. Am allerwenigsten wir selbst.

Noch am selben Abend schlugen wir die Internetseite der evangelischen Gemeinde in Hornberg auf und klickten uns zum letzten Gottesdienst durch. Und da war sie, die tollste Predigt, die wir je gehört hatten. Lebendig, originell, fesselnd. Alltagsprache, ohne sich anzubiedern. Frei formuliert und immer die Gemeinde im Blick. Zum Thema Zweifel. Als wollte der Pfarrer unsere Situation aufgreifen. Aber deshalb gleich nach Hornberg ziehen? Wir machten Pläne und verwarfen sie wieder. So ging das ein paar Tage.

Mitten in unsere Überlegungen hinein kam eine Nachricht des Maklers: Die Eigentümer hätten sich für jemanden aus dem Bekanntenkreis entschieden. Im ersten Moment waren wir enttäuscht. Doch irgendwie auch froh, dass man uns die Entscheidung abgenommen hatte. Dann, ein paar Wochen später und ganz unverhofft, alles auf Anfang: Die Immobilie stünde wieder zur Verfügung. Bei Interesse dürften wir uns gerne nochmals mit ihm in Verbindung setzen. Da mussten wir nicht lange überlegen. Nett, dass wir durften, aber wollen mochten wir jetzt nicht mehr. Wir hatten uns inzwischen von Hornberg verabschiedet. Mit Erleichterung. Und, wenn wir ehrlich waren, mit einem klein bisschen klammheimlicher Schadenfreude.

NEUSTADT
DIE DRITTE

Eine kleine Schwarzwaldvilla aus den 1930er Jahren, in der Straße oberhalb des Hauses gelegen, das wir gerade erst abgesagt hatten. Es schien so, als würde sich die Wälderstadt, wie sie hier oben sagten, zu einem Geheimtipp entwickeln. Jetzt also der dritte Versuch in Neustadt, aber erst mal nur per Telefon. Das Ganze war ja sowieso aussichtslos. Der Preis lag bei 500.000 Euro. Dass wir das Haus überhaupt im Internet entdeckt hatten, lag daran, dass wir inzwischen doch ab und zu auch oberhalb unseres Limits suchten. Man konnte sich ja nie genug darüber informieren, wie der Markt sich entwickelte. Gerade jetzt in der heißen Phase zum Jahresende hin.

Und diese Immobilie war schlichtweg ein Schmuckstück. Rundum saniert, aber mit Geschick und Feingefühl. Wir hätten es nicht anders gemacht. Biberschwanzziegel in einem gedeckten Rot, das Dachgeschoss an den Giebelseiten mit braunen Schindeln verkleidet, die Fensterläden grün gestrichen, das Erdgeschoss weiß verputzt. Die Fotos von innen waren noch eindrucksvoller: Neu abgeschliffene und geölte Dielenböden, in der zum Wohnraum offenen Küche und im Bad graublaue quadratische Fliesen, die Holztreppe mit weiß lackierten Wangen und naturbelassenen Stufen und Geländer. Ein Kaminofen zwischen Wohnraum und Küche, in dessen glänzendgrünen Kacheln sich die vor den Fenstern stehenden Bäume spiegelten. Alles, wirklich alles, so schien es, vom Feinsten. Wir waren entzückt. Kaufen war bei diesem Betrag ja nicht drin, aber vielleicht sollten wir trotzdem einen Besichtigungstermin vereinbaren. Wir könnten uns ja das eine oder andere Detail für unser späteres Haus abgucken.

Ich rief die Maklerin an. Und merkte gleich, dass sie genau wusste, welche Kostbarkeit sie da im Angebot hatte. »Sie interessieren sich für unser Knusperhäuschen? Da gibt es schon etliche Anfragen. Aber Sie haben Glück, für morgen Vormittag könnte ich Ihnen noch einen Termin anbieten.«

Typisch Makler, dachte ich, immer erst einmal Konkurrenzdruck aufbauen. Da musste ich gegenhalten. Und möglichst locker eine Frage stellen. Verhandlungsspielräume gab es schließlich fast immer. »Ist an dem Preis vielleicht noch etwas zu machen?« Die Antwort kam wie aus der Pistole geschossen. »Das können Sie sich gleich abschminken.«

Genau diese Formulierung. Abschminken. Ziemlich unverschämt. Immerhin war ich ein potenzieller Käufer. Gleichzeitig aber versank ich, quasi telefonisch, im Erdboden. So was von peinlich! Vermutlich hatte sie genau gemerkt, dass das Haus eine Nummer zu groß für uns war. Ohne ein weiteres Wort legte ich auf. Und getraute mich nicht, Corinna im O-Ton von diesem meinem Auftritt zu berichten. Man musste ja auch mal etwas für sich behalten können. Weitere Annäherungsversuche jedenfalls schminkten wir uns ab.

LÜTSCHENBACH
DAS BIOTOP

Was hatten wir uns nur dabei gedacht? Der über dem Markgräflerland so erhaben wie gelassen thronende Blauen erwies sich
beim Näherkommen als ziemlich wilder Geselle. Kurve um Kurve
stieg die schmale Straße an dem dicht bewaldeten Bergmassiv
hoch, um in etwa 1000 Meter Höhe den Gipfel zu umrunden und
sich auf der Ostseite wieder ins Tal zu stürzen. Tiefhängende
Wolken und Regenschauer machten unseren Ausflug zu einer
eher ungemütlichen Unternehmung.

So weit ins Abseits hatte uns unsere Suche bisher noch nie geführt. Doch was nahmen wir nicht alles in Kauf, um ein schönes
und bezahlbares Fleckchen Erde zu finden! Dabei: So billig war
es eigentlich gar nicht, das Grundstück, das uns der Makler angeboten hatte. Wir hatten ihn aufgrund einer unauffälligen Anzeige kontaktiert, ihm auf den Anrufbeantworter gesprochen
und um Rückruf gebeten. Der ließ auf sich warten. Nach einer
Woche schließlich meldete er sich. Er habe sich bei einem Sturz
die Schulter gebrochen, sei im Krankhaus gewesen, der Hei-
lungsprozess ginge nur schleppend voran, so könne er uns leider nicht vor Ort treffen. Aber wenn wir uns das Grundstück
auch ohne ihn anschauen wollten – sehr gerne. 99.000 Euro für
2000 Quadratmeter in idyllischer Lage, ein verträumter Weiler,
ringsum Natur pur, Kandern nicht weit. Das klang nicht schlecht.
Lütschenbach einen Weiler zu nennen, war allerdings leicht
übertrieben, eigentlich handelte es nur um eine Ansammlung
von Bauernhäusern, Scheunen und Lagerhallen. So jedenfalls
sah es von oben aus, als wir uns per Google schon einmal kundig machten. Egal, das wollten wir uns anschauen, allzu viele

Gelegenheiten zum Erwerb eines geeigneten Grundstücks gab es ja nicht.

Wir ließen den Wald hinter uns, eine langgezogene Biegung noch, links ein paar Häuser, hier musste es sein. Wir stiegen aus und sahen uns um. Inzwischen hatte es aufgehört zu regnen, doch die Luftfeuchtigkeit lag bei gefühlten 99 Prozent. Ein paar Schritte weiter waren Holzstäbe in die Erde gerammt, die das Grundstück markierten: ein in einer Senke liegender Wiesengrund, mehr Grund als Wiese, über und über mit Binsen und anderen krautigen Pflanzen bewachsen und offensichtlich ideales Übungsgelände für die örtliche Feuerwehr. Ein Trupp in voller Montur war gerade eifrig damit beschäftigt, Schläuche auszulegen und Pumpen anzuschließen.

Ob Übung oder Ernstfall, um nach dem Dauerregen eine Überschwemmung der Straße zu verhindern, erschloss sich uns auch beim Näherkommen nicht. So liefen wir halb frustriert, halb amüsiert zum Auto zurück. So ein Pech aber auch für den Makler, dass wir gerade jetzt seinen Bauplatz besichtigt hatten. Bauplatz? Eigentlich eher ein Biotop, das uns da angeboten worden war. Vielleicht sollten wir das Terrain der zuständigen Ortsgruppe des NABU melden. Dann hätte die weite Fahrt wenigstens ihr Gutes gehabt. Und unser Rekonvaleszent am Schreibtisch? Hoffentlich wurde er bald wieder fit, um sich im Außendienst wieder bewähren zu können.

NEUSTADT
DIE VIERTE

So langsam, das war nicht zu leugnen, drohte uns die Puste auszugehen. In der ersten Oktoberhälfte waren wir auch schon wieder vier Mal unterwegs gewesen. Unsere Wohnung in Freiburg kam uns immer mehr wie ein Basislager vor, von dem aus wir mehr oder weniger orientierungslos die südbadische Immobilientopographie erkundeten. Doch ein Ziel hatte sich inzwischen wiederholt als neue Heimat empfohlen: Neustadt, heilklimatischer Kurort im Hochschwarzwald und Schauplatz von Weltcup-Skispringen auf der Hochfirstschanze, der größten Naturschanze Deutschlands. Schon dreimal waren wir hier oben gewesen, ohne Erfolg zwar, doch immer mehr mit der Vorstellung, dass wir uns hier in den Bergen mit der frischen Luft, den Wäldern und den Seen wohlfühlen könnten. Den städtischen Werbeslogan hätte es dazu gar nicht gebraucht.

Diesmal war eine E-Mail von Evelyn, einer früheren Kollegin von Corinna in der hiesigen Buchhandlung, der Grund dafür, dass wir uns erneut auf den Weg durchs Höllental machten. Sie hatte uns auf eine Anzeige im örtlichen Amtsblatt aufmerksam gemacht: Altes Haus, Baujahr 1914, kernsaniert, im Zentrum von Neustadt, von privat für 350.000 Euro. Noch am gleichen Tag rief ich die Eigentümerin an und fragte, ob wir kurzfristig, vielleicht nachmittags kommen könnten. Sie war einverstanden: »Sagen wir 15.30 Uhr, dann kann sich mein Mann nach der Arbeit noch duschen.« Es war kalt, feuchtkalt, sicher 5 Grad weniger als unten, der Ort wie ausgestorben. Wir schauten uns erst einmal in der Nachbarschaft um. Hinter dem Haus befand sich ein kleiner Park, dessen rechteckig angelegte Wiese mit alten Bäumen und Bänken drum herum aussah wie eine Bilderbuchillustration aus dem Biedermeier. Fehlten nur noch die Kinder, die ihre Holzreifen mit Stöckchen über den Kiesweg trieben. Die Konzertmuschel im Hintergrund vervollständigte das Bild eines idyllischen Wohnquartiers mit sonntäglichen Matineen. Und mit einem Extrabonus für die Neustädter Jugend als angesagter Treffpunkt zur Schlafenszeit? Wir schauten uns an. Das sollten wir bei einer Kaufentscheidung im Hinterkopf behalten!

Das Haus war gelb verputzt, hatte grüne Fensterläden und einen kleinen Eingangsvorbau mit Balkon obendrauf. Der Garten war leider weniger adrett: gestapelte Plastikstühle, rostiges Grillzeug, ein windschiefes Partyzelt – da war schon lange nicht mehr gefeiert worden.

Wir klingelten. Der Eigentümer machte auf. Er wirkte müde und abgespannt. Und führte uns ziemlich wortkarg durch noch ungenutzte und mit allem möglichen Krimskrams vom Sperrmüll vollgepackte Räume. Nur Küche, Schlafzimmer und Bad waren schon modernisiert. Alles selbst gemacht und offensichtlich sein ganzer Stolz. Genauso wie die Hundezucht, die er in der Küche untergebracht hatte. Nur eine provisorische Sperre an der Tür hinderte die kleinen Vierbeiner daran, uns zu beschnuppern. Weiter war er mit den Arbeiten noch nicht gekommen. Was da in der Anzeige mit Kernsanierung gemeint war, blieb uns jedenfalls verborgen.

Auf dem Weg in den Garten mussten wir durch den Heizungsraum, wo der Hausherr sich neben dem Brenner eine kleine Raucherecke mit Stuhl und Lämpchen eingerichtet hatte. Ein von Kippen überquellender Aschenbecher zeugte von ausgiebiger Nutzung. Gemütlich sah anders aus. Im Gegenteil: Die Gesamtsituation war so erbärmlich wie bemitleidenswert. Hier war jemand ganz offensichtlich heillos überfordert. Und realitätsfern obendrein. Denn die Preisvorstellung war, das konnten wir inzwischen beurteilen, völlig illusorisch.

Als wir im Garten standen, getrauten wir uns endlich, ihn nach dem Grund für den Verkauf zu fragen. Überraschend bereitwillig gab er Auskunft: »Die Schwiegermutter ist krank und braucht eine dauerhafte Betreuung. Sie lebt in Magdeburg, also verkaufen wir das Haus und ziehen dort hin. Dann kann meine Frau das übernehmen. Die kommt ja von dort.«

»Und wie ist das mit Ihnen?«

»Ich bin Automechaniker. Ich such mir einen Job bei VW.«

»Aber das ist doch in Wolfsburg.«

»Die 200 Kilometer muss ich dann halt fahren. Ist okay.«

Beeindruckend, wie der Mann alles so selbstverständlich aufgab, um seiner Frau zu folgen. Auch seinen Traum von einem mit eigenen Händen sanierten Haus.

Beim Verkaufspreis aber wollte er nicht mit sich reden lassen. Da blieb er hart. Obwohl die Zeit angesichts des Zustands der Mutter doch drängte. Sollte er vielleicht einen Makler einschalten? Wie auch immer, für uns hatte sich damit, wieder einmal, die Sache erledigt. Und auch das latente Problem mit der Konzertmuschel.

KATZENMOOS
GERMANY'S NEXT TOPMAKLERIN

Nördlich von Freiburg im Elztal. Katzenmoos, ein kleiner Weiler, gerade mal eine halbe Stunde entfernt. Ein Katzensprung im Vergleich zu den vielen Stationen unserer bisherigen Haussuche. Das Wortspiel gefiel uns, genauso wie das Grundstück, das von einer noch jungen Agentur mit einem schick designten Internetauftritt angeboten wurde. 66.000 Euro für rund 700 Quadratmeter, kein schlechter Preis, wenn man bedachte, wie begehrt und teuer die Grundstücke auch im weiteren Umkreis von Freiburg inzwischen waren. Und vor allem in unsere Gesamtkalkulation passend. Also wieder ein Anruf beim Makler und wieder ein Besichtigungstermin, auf den wir unsere Hoffnungen setzten.

Diesmal war es kein Goldener-Oktober-Tag wie ein Jahr zuvor, als wir diese Strecke zum ersten Mal gefahren waren, um im Kinzigtal zum ersten Mal ein Haus anzuschauen, ein Haus, das uns über Wochen hinweg beschäftigt hatte. Die vielen ersten Male, sie nahmen inzwischen rapide ab. Wir waren ja fast schon überall gewesen, hatten alle Arten von Häusern gesehen, Stadthäuser, Bauernhäuser, Landhäuser, im Flachland wie in den Bergen. Und keins davon war letzten Endes in Frage gekommen. Konnte es überhaupt noch Überraschungen geben? Unser Traumhaus zu finden, davon sprachen wir schon gar nicht mehr, aber ein traumhaftes Grundstück, das war immer noch eine Option.

Mit diesen Gedanken fuhren wir an Waldkirch vorbei, die Wolken hingen über dem Tal, wenigstens hatte es zu regnen aufgehört. Kurz vor Elzach nahmen wir eine Abzweigung nach links, fuhren noch ein paar Kilometer bergauf und erreichten die kleine Ansiedlung von Häusern, bei der das Grundstück liegen sollte.

Wir erkannten sie gar nicht gleich. Eine junge, hübsche Frau, die dunklen Haare zu einem Pferdeschwanz gebunden, beigefarbener Trenchcoat mit eng um die Taille geknotetem Gürtel. Als sie auf uns zu kam, mit großen, leicht wippenden Schritten, musste ich unwillkürlich an Heidi Klum denken und wie sie ihre Models über den Laufsteg schickte. Wir hatten die beliebte Castingshow öfter mal mit unseren Töchtern gesehen und waren immer wieder verblüfft, wie selbstbewusst sich die Kandidatinnen vor der Kamera bewegten. Und selbstbewusst war auch sie, unsere Maklerin. Mit einem überraschend festen Händedruck. Und angenehmer Stimme. Wenn auch ein wenig kurzatmig. Die Anspannung vor einem günstigen Abschluss?

»Sie müssen Familie Ludwig sein. Wir hatten miteinander telefoniert. Das hier ist unser Grundstück.« Sie zeigte auf einen etwa 400 Quadratmeter großen, etwas verwilderten Gemüsegarten, der zur Straße hin leicht abfiel und ringsum mit einem rostigen Maschendrahtzaun auf vermoostem Betonfundament eingegrenzt war. Am oberen Rand des Grundstücks stand ein völlig runtergekommenes Haus.

Ich, irritiert: »Von einem Haus war aber nicht die Rede? Und das Grundstück, das sind doch keine 700 Quadratmeter?«

»Stimmt. Aber das Haus muss abgerissen werden, dann kommt das mit der Größe schon hin.« Und, als wir sie zweifelnd anschauten: »Machen Sie sich da keine Sorgen, der Abbruch kostet nur 10.000 Euro, das hab ich von einem Bauunternehmer schätzen lassen. Jetzt schauen Sie sich das Ganze erst einmal in Ruhe an, unten warten schon die nächsten Interessenten, wir sehen uns dann später noch einmal.«

Während sie sich von uns entfernte und, mit ihren großen, leicht wippenden Schritten, auf das junge Pärchen zuging, das unten an der Straße wartete, überlegten wir: Mit dem Abbruch waren es dann schon bald 80.000 Euro. Und hatte nicht auf der Webseite ihrer Agentur ein Bauunternehmen gleichen Namens eine Anzeige geschaltet? Ihr Mann? Ihr Schwager? Dann ging das wohl alles in eine Tasche. War ja recht, aber ein bisschen störte uns schon, dass sie das nicht offen kommuniziert hatte. Zum Beispiel: Wissen Sie, mein Mann ist Bauunternehmer und so weiter. Das wäre eine vertrauensbildende Aussage gewesen, fanden wir. Okay, wir sollten uns das Ganze ja erst einmal in Ruhe anschauen. Eine gute Empfehlung. Denn auf der rückwärtigen Seite des Hauses entdeckten wir eine ziemlich marode Stützmauer, die das Gelände mitsamt dem Gebäude vor dem Abrutschen bewahrte. Fragte sich nur, wie lange noch. Mit dem Abriss des Hauses war es da wohl kaum getan, zuerst einmal musste der Hang neu befestigt werden. Und dafür würden die 10.000 Euro nicht reichen, soviel war klar.

Wir liefen zurück zur Straße, wo die Maklerin immer noch im Gespräch war und uns mit keinem Blick würdigte. Sollten wir überhaupt noch länger warten? Das Ganze hatte sich eigentlich schon von selbst erledigt. Doch irgendwas reizte uns, noch ein bisschen zu bohren. Die Gelegenheit hierzu ergab sich schneller als gedacht, und zwar in Gestalt einer Nachbarin, die zufälligerweise gerade vorbei kam. Vielleicht konnte sie uns ja noch etwas zu dem Ganzen sagen oder wusste von einem anderen Grundstück, das zum Verkauf stand. Wir warteten, bis sie ein Stück weitergegangen war, holten sie ein und sprachen sie an. Sie war sofort im Bilde. »Das Grundstück dort?« Sie nickte mit dem Kopf in Richtung Gemüsegarten.»Das gehört jemand ganz anderem, und der verkauft nicht, das weiß ich sicher.«

Wie jetzt? Es ging nur um die Fläche, auf der Haus stand? Das erst mal abgerissen werden musste? Wir bedankten uns für die Auskunft. Jetzt wurde es spannend. Was wohl die Maklerin dazu sagen würde? Doch genau in dem Moment, als wir sie mit den neuesten Nachrichten aus der Nachbarschaft konfrontieren wollten, tauchte noch jemand auf, der dem Ganzen eine weitere überraschende Wendung gab. Der Eigentümer des Hauses nämlich, der sich über den Fortgang der Verkaufsverhandlungen informieren wollte. Er trat auf die Maklerin zu und stellte sich vor. Sie, etwas verlegen:»Ah, dann sind Sie der Eigentümer! Ja, ich habe hier schon mehrere Kaufinteressenten.« Die beiden kannten sich also gar nicht persönlich! Interessant! Und: Es ging tatsächlich nicht um das Gemüsegrundstück, sondern nur um das Haus mit den paar Quadratmetern drum herum. Da hatte sie wohl etwas gründlich missverstanden. Doch damit war ihr Auftritt noch nicht beendet. Der Eigentümer:»Ich habe ein Angebot von einem Bekannten über 16.000 Euro. Aber die Sparkasse meinte, es sei 25.000 Euro wert.« Das klang durchaus zufrieden, anscheinend genügte ihm dieses Wertgutachten fürs Erste. Daraufhin ich, zu der Maklerin gewandt:»Also, mit wem sollen wir denn jetzt weiter verhandeln?« Sie, kleinlaut:»Wenn Sie wollen, natürlich direkt mit dem Eigentümer.«

Das Ganze war wohl so gelaufen, dass sie über ihre Kontakte zur Sparkasse von der Verkaufsabsicht des Eigentümers gehört und dann versucht hatte, sich das Projekt unter den Nagel zu reißen. Was jetzt gründlich schief gegangen war. Mit einem Rest von Haltung verabschiedete sie sich, stieg in ihr schwarzes BMW-Coupé und brauste mit aufheulendem Motor davon. Anfängerpech, dachten wir, aber mit ihrem Selbstbewusstsein hätte sie bestimmt Gewinnchancen bei Germany's Next Topmaklerin. Die entsprechende Castingshow musste nur noch erfunden werden. Man konnte ja mal bei ProSieben anfragen und beim VDM, dem Verband Deutscher Makler.

Mit dem Eigentümer kamen wir dann übrigens auch noch ins Gespräch. So um die 50, mehrere Herzinfarkte, seit längerem krankgeschrieben, getrennt von seiner Frau. All das erzählte er uns ganz ohne Wehleidigkeit. Und jetzt mit einem so problematischen Objekt am Hals, das er eigentlich für sich und seine Familie hatte herrichten wollen. Doch so leid er uns tat, da konnten wir nicht helfen.

Zum Abschluss unserer Mission klingelten wir noch bei der freundlichen Nachbarin, die uns auf die richtige Spur gebracht hatte und einen oberhalb liegenden Hof bewirtschaftete. Sie kam auch gleich zusammen mit ihrem Mann zu uns raus, hörte sich aufmerksam an, was wir suchten und versprach, Augen und Ohren offen zu halten. Doch Hoffnung machte sie uns keine. Auch nicht auf ein Grundstück auf ihrem Grund und Boden, das sie vielleicht an uns abtreten könnten. Im Gegenteil. Alle Anfragen, selbst bei Eigenbedarf, würden von der Gemeinde sehr restriktiv gehandhabt. Angebote für Neubürger gebe es nur in ausgewiesenen Baugebieten. Frustriert schlichen wir zurück zum Auto. Alles für die Katz. Wieder einmal. Bei dem Namen hätten wir uns das eigentlich denken können.

Es war später geworden als gedacht. Was blöd war, weil Angela und Rüdiger uns zum Abendessen eingeladen hatten. Bis an die Stadtgrenze ging es flott. Aber dann: Berufsverkehr, Baustellen, ein Unfall, wie auch immer, Freiburg war dicht. Zum Haare raufen. Schließlich versuchten wir es auf irgendwelchen Schleichwegen, um Günterstal, den schönen Stadtteil im Freiburger Süden, noch einigermaßen rechtzeitig zu erreichen. Vom Elztal zurück nach Freiburg eine halbe Stunde? Das mochte ja so stimmen. Fragte sich nur, wie lange man dann noch quer durch die Stadt brauchte, um einen gemütlichen Abend mit Freunden verbringen zu können.

 Unser Haus würde ein Haus ohne Kindheitserinnerungen sein. Keines, das unsere Töchter als ihr Elternhaus bezeichnen könnten. Wohl als Haus ihrer Eltern, aber das war etwas anderes. Dieser Gedanke ging uns durch den Kopf, als wir begannen, nach einem Baugrundstück zu suchen. Wir, Corinna und ich, hatten ja selbst gleichsam gebrochene Elternhausbiographien. Sie mit ihrer Familiengeschichte, in der der Vater als Architekt sich den Traum vom eigenen Haus erst wenige Jahre vor seinem frühen Tod erfüllen konnte, das neue Heim ihr nur noch für kurze Zeit, bis sie sich selbständig machte, ein Zuhause war und schließlich, als auch die beiden jüngeren Geschwister ausgezogen waren, von der Mutter verkauft wurde. Ich, aufgewachsen im Pfarrhaus, das für meine Eltern und uns vier Kinder bis zur Pensionierung des Vaters unser Familienmittelpunkt war, dann seinem Nachfolger überlassen werden musste und für uns nur noch in der Erinnerung lebendig blieb.

Für Barbara, Theresa und Miriam war es nicht viel anders. Sie hatten ihre Kindheit und Jugendzeit in einem idyllischen Häuschen erlebt, mit einem verwunschenen Garten und einem riesigen Kirschbaum, von dem eine Schaukel an langen Seilen herunterhing. Dass es uns nicht gehörte, wir nur zur Miete wohnten, hatten wir nie als Nachteil empfunden, die Vermieter waren großzügige Leute und ließen uns nach Herzenslust schalten und walten. Ja, die Tatsache, dass wir nicht Eigentümer waren, erleichterte uns sogar den Entschluss, die ländliche Idylle aufzugeben und noch gemeinsam, bevor die Töchter aus dem Haus gingen, als Familie in die Stadt zu ziehen. Dass auch die große Altbauwohnung nur ein Übergang war, hatten Corinna und ich eigentlich nicht vorgesehen. Doch die Kinder wurden schneller als gedacht flügge und gaben uns so die Möglichkeit, das teure Mietverhältnis zu kündigen und stolze Eigentümer einer Drei-

Zimmer-Wohnung zu werden. Zum »Elternhaus« konnte diese Wohnung natürlich nicht mehr werden. Aber doch immerhin zur heimatlichen Adresse für Wochenend- oder Ferienbesuche.

So weit, so gut. Doch wie würde das jetzt mit einem neuen Haus sein? Einem, das zwar von uns selbst geplant war, aber noch keine Geschichte hatte. Das uns nichts erzählen konnte über sich und über uns. Wie auch? Wir hatten ja noch keine Zeit mit ihm verbracht. Mit seinen Räumen, seinen Fenstern, dem Ausblick nach draußen, seinem Garten, seiner Nachbarschaft. Einem Haus, das nicht sein konnte und niemals werden würde, was ein Elternhaus ausmachte: ein Erinnerungstresor für Glück, Ängste, Sorgen, Hoffnungen, Enttäuschungen, für all das eben, was im Laufe eines Familienlebens zusammenkam. Wir würden es erst noch beleben müssen, unser neues Haus. Ihm beibringen, was uns wichtig war, worauf wir Wert legten. Es erziehen, ihm die Flausen austreiben, die ein junges Haus womöglich hat. Und sei es noch so gut geplant. Hatten Corinna und ich, weil wir uns mit unserem »Eltern-allein-zuhause-Zustand« vielleicht noch nicht abgefunden hatten, einfach den Wunsch, von vorne anzufangen, auch ohne Kinder? Die Reset-Taste zu drücken, um, gefühlt, unsere Zukunft zu verlängern? Durch einen Neubeginn, einen Neubau, bei dem alles offen und unausgeprägt noch vor uns lag?

Oder sollte es doch eher ein altes Haus sein? In dessen Geschichte wir eintauchen würden, um sie fortzuschreiben, nach unseren Bedürfnissen, mit unseren Vorstellungen und Wünschen. Ein Elternhaus, aber eines mit unbekannten Eltern und unbekannten Kindern, die hier gelebt und aus irgendwelchen Gründen entschieden hatten, vielleicht entscheiden mussten, die gemeinsame Zeit zu beenden und es zu verkaufen. War ein solches Haus nicht eigentlich passender für uns? Und herausfordernder, weil es eine Haltung hatte, mit der wir uns auseinandersetzen konnten? Ein Charakterhaus, bei dem wir auf etwas bauen konnten, das sich schon bewährt hatte. Über Jahre hinweg gereift, wie eine gute Flasche Wein.

Gerade jetzt, wo wir kurz vor unserer zweiten Immobilien-Auszeit standen, die die Wintermonate ja bedeuteten, spürten wir immer deutlicher, wie sehr wir in den letzten Monaten in einem Tunnel gewesen waren. Was hatten wir uns nicht alles angeschaut! Bei realistischer Betrachtung hätten wir manches Angebot auslassen können. So aber waren wir immer wieder losgezogen, hatten gehofft, geprüft, verworfen. Manchmal sogar im Tagesrhythmus. Vielleicht war es gerade gut so, dass jetzt der Winter kam und mit ihm die Gelegenheit, Abstand zu gewinnen und darüber nachzudenken, was wir eigentlich wirklich wollten. Was wirklich machbar war. Und was wir brauchten. Um welche Haltung es uns wirklich ging. Doch die paar Gelegenheiten, die es jetzt noch gab, konnten wir ja noch mitnehmen. Endspurt sozusagen, wenigstens mal für dieses Jahr.

BACHHEIM
ANGEBOT MIT NACHSCHLAG

Noch ein Grundstück. Diesmal wieder im Schwarzwald. Wir zählten nach: Es war erst das fünfte, das uns angeboten worden war. Fünf Grundstücke in einem Jahr – nicht gerade üppig. Also sollten wir die Gelegenheit nutzen, zumal die Wetter-App gute Aussichten für oben versprach. Keine Frage, nach der verregneten Katzenmoos-Fahrt würde das ein schöner Ausflug werden. Und, genau genommen, nicht in den Schwarzwald, sondern hoch auf die Baar, auf das herbstliche Sonnenplateau über der oft im Nebel liegenden Rheinebene.

800 Quadratmeter für 58.000 Euro. Die Fotos zeigten eine mit Bäumen und Sträuchern zu den Nachbarhäusern hin abgegrenzte Wiese, ein leicht abschüssiges Gelände, von dem aus man einen weiten Blick über das Dorf hatte. Ich rief den Makler an, um die genaue Adresse zu erfahren. Beiläufig erwähnte ich, dass wir eigentlich auf der Suche nach einem Haus seien.

Er spontan: »Da hab ich vielleicht etwas für Sie. Ein sehr schönes Haus in Neustadt, gerade eben erst reingekommen. Fahren Sie auf dem Rückweg doch einfach mal vorbei. Dann bekommen Sie einen ersten Eindruck.«

Wie praktisch, dachte ich, zwei Angebote auf einen Schlag und dann auch noch vom selben Makler! »Das machen wir. Wir melden uns dann auf jeden Fall noch einmal von zuhause aus.«

Und wieder – zum wievielten Mal eigentlich? – ging es durchs Höllental hinauf in die Berge. Über dem Kirchzartener Becken hing eine dicke Wolkenschicht. Kaum vorstellbar, dass es weiter oben sonnig sein sollte. Doch als wir Hinterzarten erreichten, begrüßte uns ein strahlend blauer Himmel, der sich über die frische, herbstlich bunte Landschaft spannte. Es war grade mal 10 Uhr, vor dem Abzweig nach Titisee stauten sich bereits die Touristenbusse, und auch der riesige Parkplatz vor dem »Badeparadies« war schon zur Hälfte voll. Kein Wunder eigentlich, nahmen doch auch viele Schweizer und Elsässer die weite Anreise für ein paar Stunden naturidentischer Südseeträume mit Brandungswellen und Palmen unter riesigen Glaskuppeln auf sich. Wenig später grüßte zur Linken das Neustädter Münster. Jetzt noch über die Gutachtalbrücke, und schon waren wir auf der Hochebene, die wir zum ersten Mal im letzten Herbst auf unserer Fahrt nach Blumberg durchquert hatten. Nur dass es damals in Strömen geregnet hatte. An Löffingen mit dem Bahnwärterhäuschen vorbei, waren es noch etwa zehn Kilometer bis zur Abfahrt nach Bachheim, wo sich das Grundstück befand. Wir hatten uns natürlich schon kundig gemacht und waren beeindruckt, was die Dorfbewohner alles auf die Beine stellten. Besonders die Landfrauen, aber auch die anderen Vereine mit vielerlei Aktivitäten hatten es uns angetan. Keine Frage, hier konnte man sich wohlfühlen.

Kurz nach der Ortseinfahrt bogen wir in die Straße ein, die uns der Makler genannt hatte. Sie führte in ein kleines, oberhalb des Dorfs gelegenes Wohngebiet mit dem letzten noch freien Bauplatz. Wir stiegen aus und genossen erst einmal den herrlichen Blick. Da hatte die Anzeige nicht zu viel versprochen. Auf einer Anhöhe gegenüber die Kirche mit einem schön proportionierten Turm. Dahinter Wiesen und Felder. Und ganz in der Ferne die dunkle Hügelkette über der Wutachschlucht. An Tagen mit guter Fernsicht würde man vielleicht sogar die Schweizer Alpen sehen können. Wirklich eindrucksvoll. Nur: Nach einer Rutschpartie durch kniehohes Gras die kleine Böschung hinunter zum Grundstück war die Aussicht schon nicht mehr so toll. Kein Kirchturm, keine Wiesen, keine Hügelkette. Erst jetzt bemerkten wir, wie tief das Niveau war, auf dem das Haus stehen würde. Keine einfache Aufgabe für den Architekten, wenn wir vermeiden wollten, dass man vom Gehweg aus voll in den Garten schauen konnte. Tja, wieder ein Haken an der Sache.

Doch zu schnell wollten wir Bachheim nicht abschreiben. Wie sah es eigentlich mit der Verbindung nach Freiburg aus? War die Bahnstrecke überhaupt noch in Betrieb oder musste man mit dem Bus erst nach Neustadt fahren und dort in den Zug steigen? So ganz eindeutig war das aus der Internetseite der Bahn nicht hervorgegangen.

Der Spaziergang zum Bahnhof, nur ein paar hundert Meter entfernt, wog unsere Enttäuschung über die Lage des Grundstücks wieder ein bisschen auf. Riesige Ahornbäume säumten die schmale Zufahrtstraße, Bänke mit Blick auf das Dorf luden zum Verweilen ein – das hatte fast schon etwas von einem unverhofften Kuraufenthalt. Beim Näherkommen sahen wir, dass das alte Bahnhofsgebäude verkauft worden war und nun als Wohnhaus genutzt wurde. Hinter dem Gebäude lag der Bahnsteig. Ein neuer Fahrkartenautomat, mehrere Fahrradbügel, ein halbvoller Abfallbehälter, Zigarettenkippen am Boden: Stillgelegt sah anders aus. Und als hätte es noch eines weiteren Beweises bedurft, kam auch schon ein knallroter Triebwagen der Höllentalbahn um die langgezogene Kurve auf uns zugerollt. Probehalber betätigte Corinna den Automaten. Von Bachheim nach Freiburg nur eine gute Stunde, das konnte sich doch sehen lassen. Wir waren sehr zufrieden.

Weniger zufrieden allerdings stellte uns der anschließende Rundgang durchs Dorf. Kaum ein Mensch auf der Straße, zwei Gasthöfe dauerhaft geschlossen, leere Schaufenster, ein gesichtsloses Neubaugebiet bei der Kirche. Alte Leute, die sich über ihre Gemüsebeete beugten oder vor ihren Häusern in der Mittagssonne saßen und hinter uns herschauten. Die Jüngeren waren bei der Arbeit, die Kinder in der Schule. Klar, das Vereinsleben spielte sich nach Feierabend ab oder am Wochenende. Ein ganz normaler Tag auf dem Land. Wo also lag das Problem? Vielleicht bei uns? Waren unsere Ansprüche einfach zu hoch? Konnte uns nichts gut genug sein?

Im Losfahren schaute Corinna mich an. »Was meinst du?« Schweigen. »Und du?« Schweigen. Ein ziemlich beredtes Schweigen. Hier würden wir nicht bauen, da waren wir uns einig. Der Preis für das Grundstück, okay, aber seine Lage, eher eine Enttäuschung. Und Bachheim, nüchtern betrachtet, doch zu sehr im Abseits, Vereinsleben und ÖPNV hin oder her. Und dann die Winter auf der Baar! Oh je, oh je. Es gab Freiburger, die wussten Schauermärchen von den Minusgraden und Schneestürmen zu erzählen. Jetzt auf der Heimfahrt fiel uns das alles wieder ein.

Doch Moment, wir hatten ja noch eine weitere Adresse für heute. Zurück also auf die B31 bis zur Abfahrt Neustadt Mitte, dann geradeaus zu dem am Hang liegenden Wohnquartier, noch eine leichte Kurve, und da lag es, das Haus, das am Morgen, so der Makler, gerade erst reingekommen war. Frisch aus der Immo-Presse sozusagen. »Gehen Sie ruhig mal drum herum«, hatte er gesagt, »es ist unbewohnt«.

Ein Haus wie dieses war uns bisher noch nicht angeboten worden. Mal kein Krüppelwalmdach, mal keine Fensterläden, mal keine Scheune. Stattdessen eine klare, fast an das Bauhaus erinnernde Architektur aus den frühen 1970er Jahren. Von unten, von der Straße aus, zweistöckig mit vorkragendem Obergeschoss und einem eingezogenen, fast über die gesamte Breite laufenden Balkon mit durchgehender Fensterfront. Von oben, von der Rückseite aus, ein bisschen wie ein sich an den Hang schmiegendes Bergchalet. Ringsum ein großzügig angelegter Garten mit Rosenbeeten, Sträuchern, Ahorn und Birken, mit terrassierten Wiesenflächen und mit Fichten an den Ecken des Grundstücks, die hoch über das Haus hinausragten. Einige der ebenerdigen Fenster waren mit floral geschwungenen schmiedeeisernen Gittern versehen, die Fassade mit einem reliefartigen weißen Putz, wie wir ihn von Villen an der Côte d'Azur kannten. Da hatten sich die Eigentümer wohl einen Hauch mediterranes Flair in den Schwarzwald holen wollen. Wir staunten. Und waren ziemlich begeistert. Den auffälligen Putz und die dekorativen Gitter konnte man natürlich, wenn man wollte, kitschig nennen, auf jeden Fall aber standen sie in reizvollem Gegensatz zu der eher strengen Kubatur des Gebäudes und dem weitgehend naturbelassenen Landschaftsgarten.

Eine Garage hatte es auch noch. Sie war aber nicht, wie bei vielen Häusern, als Schachtel einfach irgendwo abgestellt, sondern von der Straße aus in den Hang hinein unter das Haus geschoben. Und der Blick? Dieses so unverzichtbare Kriterium für alle weiteren Überlegungen? Der ging weit zu den umliegenden Bergen, ging zum Münster und zum Hochfirst mit seiner Schanze, die uns seit den vielen Fahrten nach Neustadt und an Neustadt vorbei so vertraut waren.

Weder Corinna noch ich wollten raus mit der Sprache. War es das? Konnte das sein? Dass wir endlich unser Haus gefunden hatten? Wir wussten ja nichts weiter darüber, als das, was wir gerade gesehen hatten. Wie war das mit dem Satz unseres Freundes, man würde es spüren, wenn es das Richtige war? Liebe auf den ersten Blick? Davon konnte in diesem Moment keine Rede sein. Jedenfalls nicht ausdrücklich. Vielleicht war uns nach der langen Suche das seismographische Gespür, angekommen zu sein, verloren gegangen. Oder wir wollten es uns einfach noch nicht eingestehen. Wie auch immer: Alles was wir registrierten, war, dass dieses Haus besonders war, eigenständig irgendwie und selbstbewusst. Gepflegt, auf sein Äußeres achtend. Ein bisschen kokett vielleicht, ein bisschen verwöhnt, aus besserer Familie sozusagen. Aber, wenn es denn finanziell in Frage kam, passte es überhaupt zu uns, ein solches Anwesen? Und würden wir uns getrauen zu springen, den letzten Schritt zu tun?

Wieder zuhause klickten wir ImmoScout24 an, unsere Pflichtlektüre im Internet seit einem Jahr, und fanden das neu eingestellte Angebot: »Komfortables Einfamilienhaus in erhabener Wohnlage.« Da hatte sich der Makler ja wohl etwas vertan in der Wortwahl. »Erhaben« war leider auch der Preis: 395.000 Euro. Weit über unserem Limit. Unerreichbar. Da half es auch nichts, lange zu überlegen. Wir mussten dem Makler absagen. Doch ein Hintertürchen, das wollten wir uns noch offenhalten. Falls sich an dem Betrag etwas ändern sollte, würden wir das Haus gerne auch von innen anschauen. Wenn wir ehrlich waren, glaubten wir nicht so recht daran, dass sich da noch etwas tun würde. Zumal wir ja schon wieder das nächste Objekt auf dem Schirm hatten.

BERGHAUPTEN
PICASSO AM POOL

Und so waren wir wieder einmal in der Rheinebene unterwegs. Keine Kurven, keine Steigungen, auf der A5 ging es schnurstracks nach Norden. An Rust vorbei mit seinem Europapark, dem Mekka für Vergnügungslustige aus aller Welt. An Wochenenden wurden die letzten Kilometer vor der Abfahrt regelmäßig zur Geduldsprobe, die Autos der Besucher stauten sich auf beiden Spuren. Heute war alles normal, wenn man die Lasterkarawane als normal bezeichnen wollte. Wir kamen gut voran und hatten Offenburg nach einer dreiviertel Stunde erreicht. Doch wir wollten nicht in die Burda-Stadt. Unser Ziel war Gengenbach, genauer gesagt Berghaupten, die kleine Nachbargemeinde. So fuhren wir weiter auf der E531 die Kinzig entlang Richtung Südosten. Dieser Streckenabschnitt war neu für uns. Das vordere Kinzigtal hatten wir bei unseren Immo-Touren bisher noch nicht kennengelernt.

Der Makler, der das Haus ins Internet gestellt hatte, war aus Haslach, kannte sich also aus in der Gegend. Eine gute Voraussetzung, fanden wir, für ein seriöses Angebot. Und war nicht Nenas »Nur geträumt«, das gerade im Autoradio lief, ein Omen? »Ich werd verrückt, wenn's heut passiert« – ganz so hätten wir es nicht ausgedrückt, aber irgendwie war es an der Zeit, beim Hauskauf zu Potte zu kommen. Vielleicht hier und jetzt? Die Fotos hatten jedenfalls schon mal Lust auf mehr gemacht. Ein Haus aus den späten 1960ern mit einem gewissen Hang zum Höheren. Portikusartiger Eingang, Tiefgarage mit direktem Zutritt zum Partykeller, Garten mit Pool, warum nicht? Auch die Lage schien sich sehen lassen zu können. Fast wie Tannenkirch, nur von Freiburg aus in die entgegengesetzte Richtung. Erwartungsvoll erreichten wir die Ortseinfahrt. Wiesen, Weinberge, Wald. Das volle Idyllenprogramm, das wir schon von so vielen Fahrten zwischen dem Markgräflerland und der Ortenau kannten. Und das Ganze natürlich bei schönstem Herbstwetter, wie konnte es auch anders sein.

Der Makler hatte grade keine Zeit für uns, obwohl wir pünktlich auf der Matte standen. Ein viel beschäftigter Mann, logisch. Wir waren ja nicht die einzigen Interessenten. So schauten wir uns erst einmal ohne ihn um. Ein vom Gehweg zum Haus leicht ansteigendes Grundstück. Rasen mit Trittplatten. Kirschlorbeer, Thuja, Rhododendron. Im Nachbargarten eine fünf Meter hohe Bananenstaude. Die asphaltierte Zufahrt zur Garage im Untergeschoss hatte ein so starkes Gefälle, dass im Winter ohne Salz hier vermutlich gar nichts ging. Am Balkon waren von unten angerostete Armierungseisen zu sehen. An einer der Längsseiten des Hauses der Pool. Blaue Fliesen mit rissigen Fugen, Moder in den Ecken. Blätter und Regenpfützen am Boden. Der letzte Badespaß war wohl eine Weile her. Von der uns gegenüber liegenden Seite des Beckens grüßte eine überlebensgroße Figur aus zusammengeschweißten Leitungsrohren und asymmetrischen Gitterelementen, deren theatralisch hochgereckte Arme in Brauseköpfen endeten. Ein Picasso zum Duschen. Gerne hätten wir noch länger vor diesem eindrucksvollen Beispiel moderner Gebrauchskunst verweilt, doch der Makler rief. Wir waren dran.

Und wieder ein Rundgang durch ein Haus, das schon bessere Zeiten erlebt hatte. Das war keine Diele, das war ein Entrée. Mit einem Kassettenfenster zum Garten als buntes Farbenspiel. Und einer Treppe ins Obergeschoss als freischwingendes Ereignis. Hier hatte der Bauherr – oder war es eine Dame? – seinen Ausstattungswünschen freien Lauf gelassen. Die splendide gestalterische Handschrift zog sich durchs ganze Haus. Im Wohnzimmer edles Parkett mit quadratischen Intarsien und ein halbkreisförmig mit Ziegeldekor ummauerter Kamin. Im Obergeschoss ein Bad mit glänzend schwarzen rosa verfugten Fliesen. Im Keller die obligatorische Bar mit einer noch gut gefüllten Batterie an Spirituosen für gesellige Abende.

Man konnte sie noch ahnen, die Atmosphäre von Leichtigkeit und Eleganz, die das Leben in diesem Haus früher geprägt haben mochte. Leider aber hatte man sich die im Lauf der Jahre notwendigen Investitionen gespart. Die Fenster, die Heizung, das Dach, der Balkon – alles war überfällig. Am gravierendsten aber war die zum Pool hin gelegene Seite im Untergeschoss. An mehreren Stellen zeigte die Wand Ausblühungen von Salpeter und Schimmelsporen. War das Becken undicht und das Wasser durch die Mauer gedrungen? Der Makler wollte davon nichts wissen. Das seien nur ästhetische Beeinträchtigungen, unschön zwar, aber in keiner Weise von baulicher Relevanz. Und überhaupt: Das Grundstück allein sei ja schon 240.000 von den insgesamt 316.000 Euro wert. Da sei es doch naheliegend, das Haus abzureisen und neu zu bauen. Was dem Käufer natürlich selbst überlassen bliebe. Er biete aber gerne seine Expertise an, falls wir den Zuschlag erhielten und unsicher seien, wie wir weiter verfahren sollten. »Expertise«, »Zuschlag«, »weiter verfahren«, das klang gar nicht gut, jedenfalls nicht für unsere Ohren. Und weiter: Er werde nun eine Vorauswahl der möglichen Käufer treffen, der Eigentümerin zukommen lassen, die – nach einem persönlichen Kennenlernen – selbstverständlich das letzte Wort habe.

Eher nebenbei erfuhren wir noch, dass die alte Dame zu ihrer Tochter ins Nachbarhaus gezogen war. Wir stellten uns vor, wie sie drüben bei einer Tasse Tee hinter der Fenstergardine sitzen und ein Auge auf ihren ehemaligen Besitz haben würde. Keine angenehme Vorstellung, fanden wir, sollte sie sich für uns entscheiden. Die letzten Informationen hatte uns der Makler im Beisein der nächsten Bewerber gegeben. Auch nicht ganz glücklich! So verabschiedeten wir uns mit einem knappen Gruß, ohne un-

sere Eignung für das Haus noch einmal besonders herauszu-
streichen. Wir würden ja, wenn wir an der Sache dranbleiben
wollten, von zuhause aus nachlegen können.

Das aber hatte Zeit. Jetzt wollten wir Gengenbach kennenlernen,
die Stadt, die vielleicht unsere neue Heimat werden würde. Ein
paar Meter Landstraße nur, eine Brücke über den Fluss, und
schon waren wir da. Das war noch einmal etwas anderes als
Haslach, Hausach, Wolfach und Schiltach. Der belebte weitläufi-
ge Platz mit seinen prächtigen Fassaden, die engen Gassen, die
mittelalterlichen Stadttore, das barocke Klostergebäude. Am
oberen Tor ein Fachwerkhaus mit großen Schaufenstern und einem Schild über der Eingangstür: »Richter Buchhandlung«. So
wie ich Kirchen, konnte Corinna keine Buchhandlung auslassen.
Also nichts wie hinein.

Alles war geschmackvoll eingerichtet und gut sortiert. Mittendrin
ein alter Tisch mit Neuerscheinungen. Spontan griffen wir nach
Hanns-Josef Ortheils »Was ich liebe und was nicht«. Der Titel traf
ja genau unsere Situation. Hatten wir im Lauf des letzten Jahres
nicht auch dieses Gespür entwickelt? Ob wir ein Angebot weiter
verfolgen oder ausschließen sollten? Beim weiteren Herumstö-
bern bemerkte ich, dass uns die Inhaberin interessiert beobachtete. So fassten wir uns ein Herz und erzählten ihr beim Bezahlen von unseren Umzugsplänen und unserem beruflichen
Hintergrund. Es konnte ja nichts schaden, schon einmal Kontakte zu knüpfen. Zum Schluss versprach Corinna: »Wenn Berghaupten klappt, dann kommen wir ganz oft zu Ihnen.« Darauf
die Inhaberin ganz selbstverständlich: »Eine Buchhändlerin können wir immer gebrauchen.«

Wir verließen den Laden, entdeckten ein paar Schritte weiter
eine kleine Konditorei und setzten uns an einen Tisch am Fenster. Die feinen Tortenstücke auf unseren Tellern, das bunte Trei-
ben draußen auf dem Platz, die berufliche Perspektive für Corinna – wir sahen uns schon halb hier wohnen. Und dann war da ja

auch noch mein Vetter Burkhard vor Ort, mit dem zusammen wir fast nach Kirnbach gezogen wären.

Auf der Heimfahrt Richtung Haslach und über die wohlbekannte Passhöhe hinunter ins Elztal stellten wir uns das Leben in der Ortenau schon in den schönsten Farben vor. Und auch das Haus malten wir uns schön. Es war ja alles andere als ein 0815-Angebot. Die besondere Ausstattung, die Lage an den Rebhängen, der Blick hinüber nach Gengenbach. Und war der Pool mit seinem Wasserschaden am Haus nicht nur ein technisches Problem? Das würde man doch in den Griff bekommen. Und die Picasso-Dusche: Wer, wenn nicht wir, würde sie zu schätzen wissen? Wieder zuhause, schrieb ich eine E-Mail. Und führte alles ins Feld, was für uns als künftige Eigentümer sprach. Mehr, da waren wir sicher, konnten man nicht tun. Und dann? Kam nichts mehr. Kein Anruf, keine E-Mail, niente. Noch nicht einmal eine bedauernde Absage. Unser Eindruck vom Makler hatte nicht getäuscht. Offensichtlich auf ein schnelles und möglichst lukratives Geschäft aus, bedeutete es, was er ja selbst schon favorisiert hatte: abreißen, neu planen, verdichten. Und wer weiß, vielleicht hatte ja ein Bauunternehmer längst seine Hand drauf.

Wieder einmal hatten wir, wir konnten wohl nicht anders, zu viel an Hoffnung investiert. Und wieder einmal waren wir, trotz aller Routine, enttäuscht. Irgendwie – aber irgendwie auch wieder nicht. Denn plötzlich kam eine überraschende Nachricht aus Neustadt. Und die konnte nur eins bedeuten: Goodbye Ortenau. Hello Hochschwarzwald.

NEUSTADT
DIE FÜNFTE

Ob 350.000 Euro für uns akzeptabel seien? Die E-Mail des »erhabenen« Maklers kam völlig überraschend. Damit hatten wir nicht gerechnet. Er hatte uns ein paar Innenaufnahmen zugeschickt, die den positiven Eindruck, den wir bei unserem Rundgang um das Haus gewonnen hatten, noch verstärkten. Und dann diese Frage. Klar, bei 350.000 mussten wir nicht lange überlegen. Wir waren zurück im Spiel, und wollten jetzt natürlich alles sehen. Bisher habe er mit der Erbengemeinschaft kein unterstes Limit vereinbart, also könne er diesen Betrag vorschlagen. Das klang gut. Um die Zeit bis zur Antwort zu nutzen, verabredeten wir uns zu einer Besichtigung. Die Sonne schien, bestes Immobilienwetter, wie so oft bei unseren Ausflügen. Diesmal aber waren wir besonders gespannt auf das, was uns erwartete.

Mit Neustadt hatten wir uns seit unserem ersten Besuch im Juli schon etwas angefreundet. Sicherlich nicht vergleichbar mit den Kinzigtal-Perlen, hatte der Ort aber den unschätzbaren Vorteil, näher bei Freiburg zu liegen und eine direkte Zugverbindung zu besitzen. Und dazu noch in einer Landschaft, die mit ihren Seen, den Wäldern und der Bergluft zu den beliebtesten Ferienregionen in Deutschland zählte. Merkwürdig, heute mussten wir besonders aufpassen, nicht in die Hochglanz-Stimmung zu verfallen, die von den hiesigen Marketing-Spezialisten so gerne verbreitet wurde. Unser Urteilsvermögen bei einer Kaufentscheidung sollte davon jedenfalls nicht beeinträchtigt werden. Das Haus: Von außen kannten wir es ja bereits, seinen Garten, die Lage. Wie aber würde es innen aussehen? Fotos konnten täuschen, das hatten wir in der Vergangenheit oft genug erlebt.

Wir parkten am Straßenrand, direkt neben der Einfahrt zur Garage. Am Fuß der Treppe, die zwischen verblühten Fingersträuchern nach oben zum Haus führte, stand ein Mann mittleren Alters. Langer schwarzer, fast pelerinenartiger Mantel, weißer Schal, lässig um den Kragen gelegt. Hünenhafte Figur mit leichtem Bauchansatz, graublonde strubblige Haare, Wuschelbart. Irgendwo zwischen See- und Knuddelbär. Unser Makler. Mit einem »Dann wollen wir mal« stieg er vor uns die Stufen zum Hauseingang hoch – oder sollte ich sagen empor? – und schloss die Tür auf. Das erste, was wir sahen, war ein mit Juramarmor ausgelegter Windfang und das schmiedeeiserne Geländer einer halb gewendelten Treppe, offensichtlich von derselben Hand gefertigt wie die Fenstergitter draußen, die wir schon bei unserem ersten Besuch bewundert hatten. Als besonderen Schmuck hatte der Meister den Handlauf mit einer golden schimmernden Messingauflage versehen. Ein wandfüllendes Fenster aus mattierten Glasbausteinen tauchte alles in gelblich gefiltertes Licht. Vom Fuß der Treppe aus führte seitlich ein mit einem rot-grünen Girlandenmuster tapezierter Flur zu zwei ebenerdig nach vorne gelegenen Zimmern, gegenüber, hangseitig, befanden sich ein Duschbad und ein Abstellraum.

»Wie sieht es denn hier mit der Feuchtigkeit aus?« Corinna zeigte auf eine Stelle, wo sich Farbe von der Wand löste. Als hätte er nur auf diese Frage gewartet, richtete der Makler sich zu voller Größe auf und atmete tief ein. Man konnte sehen, wie sich sein breiter Brustkorb wölbte. »Ich bin ausgebildeter Opernsänger. Und glauben sie mir, ich habe ein Gespür für den Raum, für die Luft um mich herum. Da ist nichts, das ist ein ganz normaler Kellergeruch, die Luft ist absolut trocken.«

Verstohlen schauten wir uns an. Das war doch jetzt mal eine Ansage! Vielleicht wäre er als pneumologischer Gutachter auch für Berghaupten hilfreich gewesen. Wirklich bedenklich schien uns

die Wand allerdings nicht zu sein, so beließen wir es erst einmal dabei. Die beiden Zimmer waren noch eingerichtet. Sie hatten den Vorbesitzern offensichtlich als Büro und als Gästezimmer gedient. Platz war also genug vorhanden für Besuche aller Art. Wir stiegen nach oben in das Hauptgeschoss. Edle Materialien – Parkettböden, Strukturtapeten, Türen aus Massivholz, ein Kaminofen mit braun marmorierten Kacheln – prägten den Wohnbereich. Nach Süden, durch die Panoramafenster und vom davorliegenden Balkon aus, bot sich ein weiter Blick über die Stadt und auf den Hochfirst, den Hausberg von Neustadt. An der westlichen Giebelseite, auf halber Höhe des Geländes, war eine Terrasse angelegt, die man von der Küche aus betreten konnte. Nach Osten lagen Bad und Schlafzimmer. Das Bad war mit Fliesen mit zartem Blumendekor ausgestattet, die wir uns wohl nie ausgesucht hätten, aber charmant und ein bisschen französisch fanden. Später erinnerten wir uns, dass wir – welch merkwürdiger Zufall! – in dem Sulzer Lotto-Haus schon einmal diesen Fliesen begegnet waren. Im Schlafzimmer reichte ein Kleiderschrank mit integriertem Kosmetiktischchen von Wand zu Wand. Der Makler öffnete die Türen. Oberbekleidung, nach Blusen, Röcken, Jacken und Hosen geordnet und auf Bügeln aufgehängt, Unterwäsche, säuberlich in Fächern und Schubladen zusammengelegt. Dinge des persönlichen Bedarfs. Der Duft eines feinen Parfüms war noch zu ahnen. Plötzlich fühlten wir uns wie Eindringlinge, indiskret und irgendwie am falschen Platz.
Und weiter ging es mit der Besichtigung. Über eine Ausziehtreppe kletterten wir auf den Dachboden. Alte Umzugskartons und Koffer, ein Rollator, ansonsten leer. Zurück im Erdgeschoss gelangten wir durch einen kleinen Werkraum in den Heizungskeller. Der Brenner war von 1993, da stand also ein Austausch an. Dahinter noch ein Raum mit einem riesigen Tank. 10.000 Liter, meinte der Makler. Neben dem Hauseingang führte eine innenliegende Treppe hinunter aufs Straßenniveau und in die Garage.

Unter den vorderen Teil der Decke war eine Plastikfolie gespannt. Eine undichte Stelle im begrünten Flachdach? Der Makler tat erstaunt. Hatte er den vermeintlichen Schaden etwa selbst noch nicht bemerkt? Ein gutes Argument jedenfalls für die anstehenden Preisverhandlungen. Zum Schluss unseres Rundgangs inspizierten wir noch ein kleines Gartenhäuschen, das etwas abseits unter einer hohen Fichte stand. Spaten, Rechen, Rasenmäher, Streuwagen, Hacken, Pickel, Schippe und Besen – es fehlte an nichts, was man zur Gartenarbeit brauchte.

Wie lange war das Haus eigentlich schon nicht mehr bewohnt? Und wie kam es, dass die gesamte Einrichtung, inklusive des Werkzeugs im Hobbyraum und der Gartengeräte, noch vorhanden war und so aussah, als sei alles gerade erst in Benutzung gewesen? Bestens gepflegt, sortiert und aufgeräumt.

Der Makler hatte unsere fragenden Gesichter bemerkt. »Die alte Dame hat seit dem Tod ihres Mannes alleine hier gewohnt und immer peinlichst darauf geachtet, dass alles seine Ordnung hatte. Für den Garten ließ sie einen Gärtner kommen, für das Haus hatte sie eine Reinigungsfrau. Und unten im Gästezimmer wohnte eine Pflegerin, die sie rund um die Uhr versorgte. Jetzt ist es ein dreiviertel Jahr her, dass sie gestorben ist.«

»Und die Erbengemeinschaft, die sie erwähnten, wer gehört da alles dazu?«

»Das sind drei Söhne, die alle in Norddeutschland leben. Als ihre Eltern das Haus 1993 gekauft haben und von Hamburg hierher in den Schwarzwald gezogen sind, hatten die Söhne sich längst selbstständig gemacht. Sie waren immer nur besuchsweise hier und haben keine weitere Beziehung zu Neustadt. Deshalb haben sie mich jetzt beauftragt, das Haus zu verkaufen.«

Mittlerweile waren wir ins Wohnzimmer zurückgekehrt und hatten uns in einer Sitzgruppe mit Sesseln aus schwarzem Leder und Chromgestellen niedergelassen. Der Makler ergriff das Wort. Hinsichtlich der anstehenden Verhandlungen müsse er betonen, dass er größten Wert auf Distanz und Zurückhaltung lege. »Kein Wort zu viel bei der Korrespondenz, keine Vertraulichkeiten. Das ist meine Maxime, und damit bin ich bisher gut gefahren.«

»Das ist natürlich ganz in unserem Sinn«, beeilte ich mich, ihm beizupflichten. Ich konnte nicht anders. Und musste noch eins draufsetzen. »Vielleicht wären Sie ja bereit, falls Ihre Verhandlungen mit der Erbengemeinschaft zu einem erfolgreichen Abschluss kommen sollten, woran wir nicht zweifeln«, ich lächelte ihn gewinnend an, »im Rahmen unserer Einzugsfeier hier vom Absatz des Treppenhauses aus unseren Gästen ein kleines Ständchen zu bringen«. Ich schaute Corinna an, sie bewahrte die Fassung und nickte zustimmend. Ein bisschen gestelzt musste ich schon reden. Darauf er, jetzt ganz der Opernheld und von oben herab: »Das wurde ich schon einmal von einem Kunden gefragt. Und da musste ich ihm leider sagen, dass er das nicht bezahlen könnte.«

Worauf waren wir da eigentlich gerade wieder im Begriff uns einzulassen? Auf eine weitere Hoffnungsrunde, deren Ausgang von dem fragwürdigen Verhandlungsgeschick eines Maklers und seiner leicht bizarren Art der Selbstdarstellung abhing? Und auf ein Haus, das so anders war als alles, was wir bisher besichtigt hatten? Mit einer Ausstattung, so ganz außerhalb unserer bisherigen Maßstäbe? Und einem Preis, der deutlich über unserem Limit lag? In diesem Moment war uns das ziemlich egal, wir hatten es angestoßen, jetzt sollten die Dinge ihren Lauf nehmen.

Als wir zurück nach Freiburg fuhren, an der Ravenna-Brücke vorbei, kam uns einer der roten Züge der Höllentalbahn entgegen. Dreißig Minuten von Freiburg nach Neustadt. Und dreißig Minuten zurück. Nur! Ich konzentrierte mich auf die Straße, Berufsverkehr. Und merkte, wie Corinna mich von der Seite aus anschaute.

»Das könnt's sein!«

»Das isses!«

ES ZIEHT SICH

Als ich am nächsten Morgen aufwachte, war das Bett neben mir
leer. Komisch, so spät war es doch noch gar nicht. Ich stand auf.
Die Tür zum Wohnzimmer war angelehnt. Corinna saß vor dem
Regal und blätterte in einem riesigen Bildband. Am Boden türm-
ten sich die Bücher.
»Was ist das denn?»
Corinna schaute mich mit einem unschuldigen Lächeln an. »Du
hast doch gestern gemeint, dass wir demnächst umziehen, also
fang ich schon mal mit dem Aussortieren an. Da sind Titel dabei,
die eh keiner mehr liest. Unsere Mädels nicht und unsere Enkel
später erst recht nicht. Du weißt ja, wie viele Bücherkartons es
beim letzten Umzug waren.«
Das war allerdings ein Argument. Rund hundert Kartons, alle so
vollgepackt, dass die Männer von der Transportfirma sie nur mit
Mühe hatten tragen können. Das war jetzt 14 Jahre her, und eigentlich hatten wir das nie mehr erleben wollen. Stand uns das
tatsächlich noch einmal bevor? Irgendwie hatten wir das ganze
Umzugsdrumherum bei unseren Immo-Touren total verdrängt.
Durch schöne Landschaften fahren, alte Häuser besichtigen, nette Menschen kennenlernen, das war eine Sache, eine Kaufentscheidung treffen mit allen Konsequenzen eine andere. Doch
soweit war es ja noch nicht. Zum Glück? Als ich Corinna da so
sitzen sah, mit wild entschlossenem Blick und ersten bibliophi-
len Opfern zu ihren Füßen, war ich mir meiner Gefühle gar nicht
mehr so sicher. Und sicher war es ja auch längst noch nicht,
dass es mit Neustadt im fünften Versuch endlich klappen würde.
Dass das jetzt wirklich Klappe die letzte sein sollte in dem langen Film, als der uns die zurückliegenden Monate manchmal
vorgekommen waren.

»Du hast ja völlig Recht.« Ich nahm Corinna den Bildband aus der Hand. Er war wirklich sauschwer. »Aber jetzt lass uns doch erst mal frühstücken, dann sehn wir weiter. So schnell werden sich die Söhne schon nicht melden.«

Nach der zweiten Tasse Kaffee und einem kurzen Blick auf die Immobilienseite der Badischen Zeitung schaute ich Corinna an. »Bist du denn wirklich entschlossen? Wenn du schon anfängst, Bücher auszusortieren?«

»Bin ich. Und du doch auch, das hab ich dir schon gestern angesehen. Bei unserem Rundgang. So eine Mischung aus Begeisterung und Respekt, so hast du bisher noch bei keinem Haus geguckt. Und ich hab's ja genauso empfunden. Das ist dem Makler sicher nicht entgangen. Mit seinem tollen Gespür für den Raum um sich herum. Aber das kann nur von Vorteil sein. Dann strengt er sich wenigstens an.«

Mit diesem gegenseitigen Zuspruch ging es noch eine ganze Weile weiter. Dann setzte ich mich an den Laptop und schrieb eine E-Mail. Dass uns das Haus ausnehmend gut gefallen habe. Dass wir sicher seien, es mit all seinen Besonderheiten zu unserem Haus machen und ihm gleichzeitig seinen Charakter belassen zu können. So wörtlich! Vielleicht gelang es mir ja, den hohen Ton zu treffen, den er bevorzugte. Und weiter: Wir bäten ihn allerdings, sich bei den anstehenden Verhandlungen mit der Erbengemeinschaft über die von ihm avisierten 350.000 Euro hinaus noch für eine weitere Reduzierung einzusetzen. Es seien immerhin einige Sanierungsmaßnahmen notwendig, die im Kaufpreis berücksichtigt werden müssten. Ich hatte das Gefühl, mich um Kopf und Kragen zu schreiben. Ein Zuckerchen aber musste ich ihm noch geben: In diesem Zusammenhang könne es für ihn vielleicht von Interesse sein, auch den Verkauf unserer Freiburger Wohnung zu übernehmen. Dann bliebe alles in einer, in seiner Hand.

Die Erben ließen sich Zeit. Dann endlich, nach Tagen des Wartens, kam die Antwort. Und die fiel leider nicht so aus, wie wir gehofft hatten. Sie seien mit 370.000 Euro einverstanden, dies aber auch nur wegen des Schadens am Garagendach.

In dieser Nacht bekamen wir nicht viel Schlaf. Wir waren drauf und dran, ein Haus zu kaufen, das 20.000 Euro mehr kostete, als unsere Wohnung im besten Fall bringen würde. Nebenkosten wie Maklerprovision, Notargebühren und Grunderwerbssteuer nicht eingerechnet, durch die noch einmal mindestens das Anderthalbfache hinzukommen würde. Insgesamt also 50.000 Euro über unserem Limit. Und das war ja noch nicht alles. Wie hoch würden die Kosten für die notwendigsten Renovierungen wohl sein? Heizung, Elektrik, Sanitäreinrichtungen. Den Umzug nicht zu vergessen. Wir drehten uns von einer Seite auf die andere. Schließlich knipsten wir das Licht an, standen auf, setzten uns an den Tisch und fingen an zu rechnen. Hin und her. Rauf und runter. Neben uns stapelten sich die Bücher. Es änderte sich nichts. Ohne unsere Bank würden wir nicht weiterkommen. Und klar war jetzt schon, ein neuer Kredit musste her. Die Frage war nur, wie hoch, zu welchen Bedingungen und ob wir in unserem Alter überhaupt noch einen bekommen würden.

Am nächsten Morgen, irgendwie hatte es doch noch für ein paar Stunden Schlaf gereicht, waren unsere Sorgen wie weggeblasen. Ein Wunder? Ein unerwarteter Geldsegen? Ein Serotoninschub? Nichts von alledem. Wir spürten einfach, dass das unser Haus war, dass wir es haben mussten. Die Finanzierung, die würden wir irgendwie schaffen. Noch am selben Tag saßen wir unserem Bankberater gegenüber. Als langjährige Kunden hatten wir kurzfristig einen Termin bekommen. Und unsere Erwartungen wurden nicht enttäuscht. Aufgrund der baulichen Eckdaten und der Fotos, die wir ihm gleich nach unserem ersten Treffen mit dem Makler zugeschickt hatten, wurde die Summe von 370.000 Euro als angemessen, wenn nicht sogar als günstig eingeschätzt. Sollte sie sich noch verringern – umso besser. Der zu erwartende Erlös aus dem Verkauf unserer Wohnung genüge als Sicherheit. Zudem wisse man um unsere Zuverlässigkeit, was Gelddinge betreffe. Einem Kredit für anfallende Renovierungsmaßnahmen stünde aus seiner Sicht jedenfalls nichts im Wege.

Die finanzielle Seite war also fürs Erste geklärt. Fehlte noch die Bewertung des Hauses aus unabhängiger fachlicher Sicht. Natürlich fiel uns gleich unser Architektenfreund Klaus ein, der uns schon mehrfach mit Ratschlägen geholfen hatte. Konnten wir ihn auch diesmal wieder, ein letztes Mal hoffentlich, um seine Meinung bitten? Wir konnten, seine Antwort kam postwendend. Alles prima, soweit von den Fotos her zu sehen: die Ausrichtung zum Hang hin, der Terrassenplatz, die Öffnung zur Natur. Nur: Die Dachschindeln seien möglicherweise nicht aus Schiefer, sondern aus Asbestzement. Das aber sei kein Problem, solange man nicht dran rühre. Sein Fazit: »Hält ewig!« Das klang zwar beruhigend, dennoch waren wir alarmiert. Hatte doch Barbara, unsere Älteste, gerade von dem bayerischen Kindergarten ihres Jungen berichtet, wo Handwerker in weißen Overalls und mit Atemschutzmasken ein Eternitdach von einem Schuppen abgetragen hatten, während man die Kleinen unbeaufsichtigt um sie herumwuseln ließ. Seither hatte das Thema Asbestbelastung uns bei der Haussuche begleitet. Sollten wir nun damit leben? Spontan mochten wir uns das, trotz der Entwarnung unseres Freundes, nicht vorstellen. Doch es war ja erst einmal nur eine Vermutung. Wir informierten unseren Makler, der genauso überrascht war wie wir. Er wolle sich kundig machen und bei den Erben den Baubeschrieb anfordern. Hätte er das nicht längst tun müssen? Bevor er das Haus inserierte? Nach dem Garagendach nun schon die zweite Panne. Mit Dächern hatte er es wohl nicht so.

Die Vermutung bestätigte sich. Auch hier hatte man, wie bei vielen Häusern der 1970er Jahre, sich für diese schier unverwüstliche und scheinbar unbedenkliche Dacheindeckung entschieden.

Von einem Moment auf den anderen schien unser Traum geplatzt. Da erinnerten wir uns an ein Werbebanner, das wir vor Monaten bei einer unserer ersten Neustadt-Fahrten an einem Baugerüst entdeckt und vorsorglich fotografiert hatten. Man konnte ja nie wissen. Altbausanierung, Dach- und Dämmtechnik, eine Zimmerei hier vor Ort. Das war genau das, was wir jetzt brauchten. Wir baten um einen Kostenvoranschlag für die Entsorgung der Platten und eine Neueindeckung. Schon nach wenigen Tagen lag das Angebot vor: rund 30.000 Euro. Auch unser Makler war in der Zwischenzeit aktiv geworden. Er fürchtete offensichtlich, uns als Käufer so kurz vor Vertragsabschluss noch zu verlieren. Seine Berechnungen kamen auf annähernd den gleichen Betrag. Grund genug für ihn, noch einmal nachzuverhandeln. Und zwar mit dem Ziel, die ursprünglich von ihm vorgeschlagene Kaufsumme doch noch zu erreichen.

Das Bemühen um ein erfolgreiches Ende der für unser Gefühl sich fast schon endlos hinziehenden Geschichte war dem Makler nicht abzusprechen. Dennoch trauten wir ihm nicht so ganz über den Weg. Zumal er uns gegenüber in dieser heißen Phase betont hatte, dass er sich nur als Vermittler verstehe. Unsere Position mit Überzeugung zu vertreten, war wohl nicht sein Ding. Was wir ja verstehen konnten, bedeutete doch jeder Euro weniger für uns zugleich eine Einbuße bei seiner Provision. So wendeten wir uns nun auch noch selbst an die Erben. Mit einem Mix aus rationaler und emotionaler Ansprache ließen wir die drei Wochen seit unserem ersten Rundgang ums Haus Revue passieren, schilderten unsere Begeisterung, aber auch unsere Bedenken und beschlossen das Ganze mit dem Angebot, zu ihnen nach Hamburg zu kommen, um die Sache im persönlichen Gespräch zu einem für alle Beteiligten guten Abschluss zu bringen. Alles auf eine Karte? Oder alles auf Anfang? Mehr jedenfalls konnten wir nicht tun. Am frühen Morgen des fünften Tages fanden wir die Antwort in unserer Mailbox.

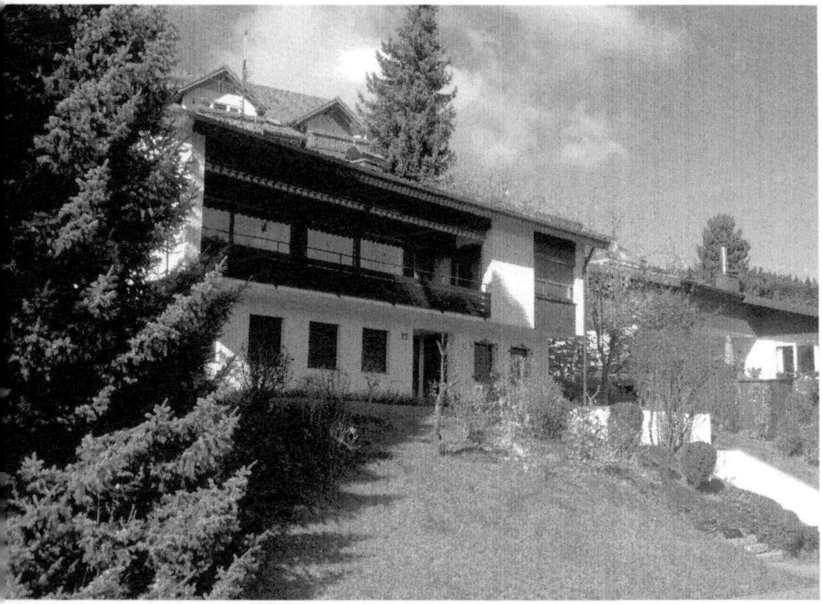

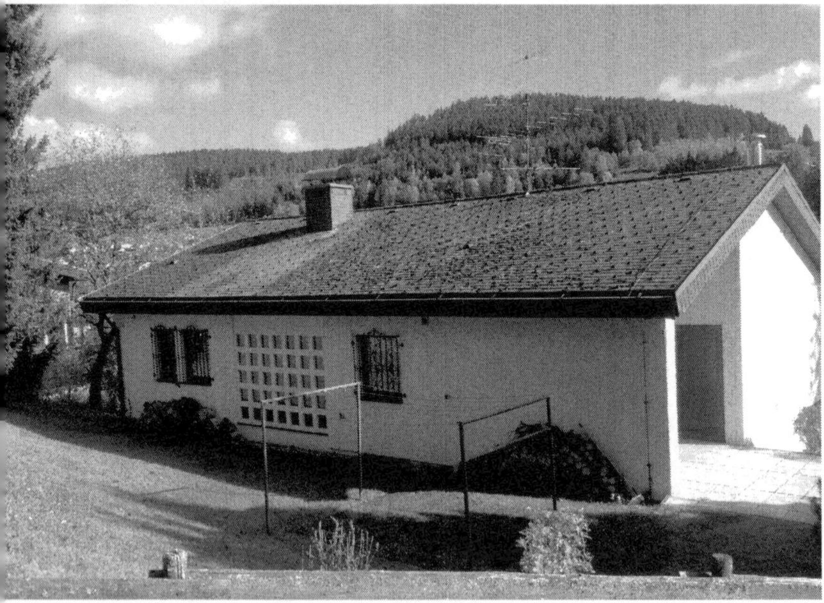

ENDLICH AM ZIEL

»Das Einverständnis aller Erben liegt vor« – so lapidar wie eindeutig stand die Mitteilung in der Betreffzeile der E-Mail, auf die wir mit Spannung gewartet hatten. Und weiter unten im Textfeld nur noch die Anmerkung, diese Information wolle er uns nicht vorenthalten. Wie hatte der Makler doch gleich bei unserer ersten Begegnung betont? Kein Wort zu viel bei der Korrespondenz! Das galt wohl auch in unserem Fall. Egal, Hauptsache, das Ergebnis stimmte. Hatten wir daran gezweifelt? Wohl schon, wenn wir ehrlich waren, zumindest ein bisschen. War doch die Kommunikation mit der Verkäuferseite für uns bisher seltsam unwirklich geblieben. Richtig einzuschätzen, wie die Söhne tickten, wie man sie packen konnte, war uns nie gelungen. Erst mit unserem letzten Schreiben hatten wir uns aus der Abhängigkeit von dem Makler gelöst. Vielleicht aber war ja genau das die passende Strategie gewesen: der Makler als diskreter Anwalt, wir die persönlich engagierten Mandanten. Auch Horoskop.de leistete in dieser Situation seinen nicht unwesentlichen Beitrag zum Erfolg. In einer Mischung aus Langeweile und Ungeduld wegen der sich hinziehenden Entscheidung hatte ich auf dem Internetportal nach belastbaren Hinweisen für die nächsten Tage gesucht. Und da stand doch tatsächlich für Corinna:»Eine Aufgabe interessiert Sie brennend, Sie geben Ihr Bestes, lassen Sie sich nicht von Rückschlägen entmutigen.« Und, noch besser, für mich: »Das Angebot, das man Ihnen macht, ist wirklich einmalig, Sie sollten sofort zugreifen, sonst ärgern Sie sich hinterher noch.« Das waren, keine Frage, untrügliche Zeichen aus dem astrologischen Off.

Jetzt, wo die Zusage unseren finanziellen Vorstellungen entsprach, wollten wir ganz auf Nummer sicher gehen. Wir baten den Makler, den schon auf Anfang Dezember festgelegten Notartermin nach hinten zu schieben. Eine Runde nämlich wollten wir noch drehen, eine weitere Besichtigung des Hauses, zu der wir zwei sachkundige Freunde mitbrachten. Klaus, den Architekten aus Freiburg, und Raimund, den Mann einer ehemaligen Kollegin Corinnas aus der Neustädter Buchhandlung, der als gewiefter Praktiker in Sachen Haussanierung seine Unterstützung angeboten hatte. Beide bestätigten den angesichts des Baujahrs einwandfreien Zustand des Hauses. Das Mauerwerk, die Kellerräume, die Holzverkleidungen an der Fassade und am Balkon, der Innenausbau, alles solide ausgeführt und gut erhalten. Vom Dachstuhl waren sie geradezu begeistert: ein zimmermännisches Schmuckstück sei das, so beide unisono. Zunächst einmal also grünes Licht. Die eine Empfehlung allerdings gab Klaus uns noch: Er kenne einen Sachverständigen für Schadstoffbelastungen, mit dem er oft zusammengearbeitet habe. Wenn auch der noch sein Okay gebe, seien wir ganz auf der sicheren Seite.

Der Makler hatte sich vor diesem aus seiner Sicht unnötigen nachträglichen Rundgang einen in der Küche stehenden Stuhl genommen und auf die Terrasse verzogen, um die letzten Sonnenstrahlen zu genießen. Wir könnten gerne ohne ihn durchs Haus gehen. Am Preis, das wolle er uns gleich sagen, ließe sich aber nicht mehr rütteln. Jetzt musste ich ihm, peinlich genug, auch noch diesen von Klaus empfohlenen Nachschlag abringen. So trat ich zu ihm nach draußen, um ihm mitzuteilen, dass der heutige Termin nun leider doch noch nicht der letzte gewesen sei. Es müsse wegen der ja auch ihm bekannten Schadstoffproblematik bei Häusern aus dieser Zeit noch einen weiteren, dann aber wirklich allerletzten geben. Ich schaute ihn mit einem aufmunternden Lächeln an. »Wenn Sie so nett wären und würden uns den Hausschlüssel überlassen, müssten Sie nicht mehr selbst kommen.« Hatte ihn die noch wärmende Novembersonne milde gestimmt? War er nach einem kleinen Nickerchen vielleicht noch nicht wieder ganz bei sich? Jedenfalls gab er brummelnd sein Einverständnis, händigte mir den Schlüssel aus und verabschiedete sich, ohne ein weiteres Wort zu verlieren. Das war gerade noch einmal gut gegangen. Was, wenn er die Faxen dicke gehabt und uns zum Teufel gejagt hätte? Es gab ja vermutlich noch andere Interessenten, die leichter zufrieden zu stellen waren? Vielleicht aber spürte er auch einfach, dass wir die Richtigen waren für das Haus und so kurz vor dem Ziel nicht mehr abspringen würden.

Der Schadstoffspezialist kam, schaute sich das Haus von oben bis unten an und hatte nichts zu beanstanden. Auch das Dach sei in Ordnung, zwischen den Eternitschindeln und der inneren Sparrenverkleidung befänden sich zwei Lagen Dachpappe als zusätzliche Abdichtung. Das sehe alles stabil und dauerhaft haltbar aus. Eine Erneuerung der Dacheindeckung sei aus seiner Sicht nicht notwendig. Ein paar Tage später lag die Unbedenklichkeitsbescheinigung auch schriftlich vor. In der Zwischenzeit hatten wir einen Aktenordner mit alten Rechnungen zu Instandhaltungs- und Wartungsmaßnahmen durchsehen können, die belegten, wie sorgsam die bisherigen Eigentümer mit ihrem Haus umgegangen waren. So langsam war Entspannung angesagt. Und Staunen. Waren wir wirklich am Ziel? Wir konnten es kaum glauben.

EINGETÜTET

»Einmal sind mir noch auf der Fahrt zum Notar die Käufer abgesprungen. Seitdem weiß ich, durch ist die Sache erst, wenn der Vertrag unterschrieben ist. Da bin ich ganz emotionslos.« Offenbar hatte unser Makler nach meinem kleinen Überfall auf der Terrasse seine Fassung wiedergewonnen, dass er jetzt so den alten Hasen machen musste. Wenn's ihm gut tat, bitteschön! Wir würden jedenfalls nicht mehr abspringen, da konnte er ganz beruhigt sein. Zu weit war die ganze Sache schon gediehen, um noch an irgendetwas zweifeln zu müssen. Wir hatten endlich einen direkten Kontakt zu den Erben herstellen können. Das war auch nötig gewesen. Schließlich musste das Haus samt Gartenhütte geräumt werden. Was wollten die Erben übernehmen, was konnten wir gebrauchen, was sollte mit dem Rest passieren? Eine entsprechende Liste war per E-Mail hin und her gegangen und von den Söhnen abgesegnet worden. Auf unser Angebot, zu den Exotika eine Expertenmeinung einzuholen, waren sie nicht weiter eingegangen. Vermutlich dachten sie, dass es sich bei dem Speer, den Tongefäßen und geschnitzten Elefanten, so dekorativ sie auch sein mochten, nur um Reisesouvenirs und nicht um wertvolles Kunsthandwerk handelte. Wir selbst kannten uns damit nicht aus, so beließen wir es dabei. Man musste das Ganze ja nicht noch unnötig verkomplizieren. Unseren Vorschlag, die Räumung durch einen gemeinnützigen Verein in unserem Beisein durchführen zu lassen, hatten sie hingegen gerne angenommen. Zunächst einmal aber sollte der Kaufvertrag unter Dach und Fach gebracht werden.

Das Notariat befand sich in Sankt Blasien, von Freiburg rund 60 Kilometer entfernt. Oben im Schwarzwald lag schon eine dünne Schneedecke, die Luft roch nach Winter. Acht Tage nur noch bis

Heiligabend. Am Titisee bogen wir rechts ab, am Bahnhof Bärental links Richtung Schluchsee – hier hatte vor über einem Jahr unsere Reise begonnen. Irgendwie erschien uns in diesem Moment alles wie unwirklich. Wir waren auf dem besten Weg, Eigentümer eines Hauses zu werden, von dem wir nicht geträumt hatten, noch nicht einmal hatten träumen können. Ein wundersamer Zufall, ein Glücksfall, so schien es uns.

Als luxuriös hatte der Makler die Ausstattung in der Anzeige ursprünglich bezeichnen wollen, was, wie er uns gestand, die Erben für übertrieben gehalten hatten. Für sie sei der Begriff »komfortabel« zutreffender gewesen. Wie auch immer, wir hatten uns allerdings schon etwas gewundert, dass er uns beim ersten Rundgang die dimmbaren Lichtschalter als Ausweis besonderen Wohnkomforts und technischer Raffinesse vorgeführt hatte – in Zeiten von Smartphones und digitaler Steuerung der Beleuchtung! So ganz war er da wohl nicht auf dem neuesten Stand gewesen, und so ganz treu war er mit diesem Geständnis seinem Credo der Vertraulichkeit auch nicht geblieben. Aber okay, man wusste ja inzwischen, mit wem man es zu tun hatte. Dass wir uns auf unserer Fahrt zum Notar überhaupt mit solchen alten Geschichten abgaben, lag wohl an der Anspannung, die spürbar stieg. Ablenkung mit Nebensächlichkeiten, eine bewährte Beruhigungsstrategie. Es ging ja auch um was. Wir würden gleich eine Entscheidung für den Rest unseres Lebens treffen. Aber würden wir das wirklich? Hinter dem Waldrand tauchte die riesige Kuppel des Doms auf. Nur noch wenige Kilometer, und wir waren da. Noch war Zeit zum Abspringen, der Makler hatte Recht. Ich spürte, wie Corinna mich von der Seite anschaute. Ihr gingen wohl dieselben Gedanken durch den Kopf. »Wir machen das jetzt. Wir haben so lange gesucht. Etwas Besseres finden wir nicht.« Sie legte kurz die Hand auf meinen Arm. Ich konzentrierte mich auf die letzte Kurve vor der Ortseinfahrt. »Etwas Besseres gibt's nicht.« Ich schaute kurz zurück. »Und wenn wir unterschrieben haben, gönnen wir uns im nächsten Café ein fettes Stück Torte.«

Wir fanden einen Parkplatz direkt vor dem Dom. Gegenüber lag das Kanzleigebäude des ehemaligen Benediktinerklosters, wo jetzt das Amtsgericht mit Notariat untergebracht war. Ein wenig Zeit blieb uns noch. Der Dom war fast leer. Ein paar verirrte Touristen, eine alte Frau, die den Altar für die nächste Messe herrichtete. Über uns das scheinbar unendlich hohe Gewölbe. Wir setzten uns in eine Bank. Neben uns, in einer Seitenkapelle, flackerten ein paar Opferkerzen. Corinna stand auf. »Für unsere Mädels. Und«, sie drehte sich zu mir um, »für uns. Für unser Haus«. Sie nahm eine Kerze und zündete sie an, ich warf einen Euro in den Opferstock. Als wir wieder draußen waren, fassten wir uns an den Händen und liefen quer durch den Kurgarten hinüber zum Notariat. Ob es was nützen würde? Egal, es war einfach ein gutes Gefühl.

Vor dem Eingang wartete der Makler. Etwas angespannt war auch er, das war nicht zu übersehen. Wir betraten die Eingangshalle, von der aus das Treppenhaus und mehrere Flure abgingen. »Vielleicht warten Sie hier, ich schau mal, ob wir schon dran sind.« Er lief einen der Flure entlang, öffnete eine Tür und war verschwunden. Offenbar kannte er sich aus. »Dann geh ich auch grad nochmal kurz verschwinden, wer weiß, wie lange das dauert.« Corinna steuerte auf ein Toilettenschild zu, gute Idee, ich folgte ihr. Als wir wieder rauskamen, sahen wir einen leicht aufgelösten Makler, der in der Halle hin und her lief. »Da sind Sie ja! Ich dachte schon, Sie hätten sich's doch noch anders überlegt.« Das Trauma! Da war es wieder. Fast tat er uns leid. Doch wir konnten ihn beruhigen. Wir waren so was von sicher, das Richtige zu tun. Die Kerze wirkte!

Das Notariat sei das kleinste in ganz Baden-Württemberg, raunte der Makler uns zu, als wir auf der hölzernen Bank gegenüber der Amtsstube Platz nahmen. Dafür aber werde man individuell bedient und nicht nur abgefertigt, wie sonst so oft. Individuell. Das sollte wohl heißen, man nahm sich Zeit. Je länger wir saßen, umso individueller wurde es. Nach etwa einer halben Stunde öffnete sich die Tür, und die Mitarbeiterin des Notars schaute mit einem entschuldigenden Lächeln zu uns rüber. Das System sei leider abgestürzt, man müsse die noch fehlenden Unterlagen jetzt per Fax anfordern. Das könne noch etwas dauern, sprach's und zog die Tür wieder hinter sich zu. Corinna und ich und unser Makler auf einer Holzbank im Notariatsflur. Keine sehr unterhaltsame Situation. Ein bisschen Smalltalk, ein paar Allgemeinplätze über die kommenden Feiertage: Fest der Familie, abschalten und hoffentlich wieder mal Schnee, wir bemühten uns nach Kräften. Nach einer gefühlten Ewigkeit öffnete sich erneut die Tür, wir wurden hereingebeten.

Der Notar sah aus wie gerade dem Referendariat als Jahrgangsbester entsprungen. Jung, schlaksig, eifrige Bewegungen, taxierender Blick hinter modischer Brille. Wie hatte es denn den hierher verschlagen? In des Ländles kleinstes Notariat. Yuppies erster Karriereschritt? Jedenfalls verstand er sein Handwerk. Und erledigte alles zur vollsten Zufriedenheit. Die mehrfach ausgefertigte Urkunde wurde allseits unterschrieben. Wir standen auf und wurden individuell hinauskomplimentiert. Der Kauf war eingetütet.

Wir verließen das Gebäude und blieben am Fuß der Treppe stehen. Merklich erleichtert verabschiedete sich der Makler von uns. Er hatte seinen Job erledigt. Und uns zu einer komfortablen, nein, eigentlich ja luxuriösen Liegenschaft verholfen. Ein wenig Stolz schwang mit in seiner Stimme, als er uns beglückwünschte. Alles Weitere dann nach den Feiertagen. Die Räumung, die Übergabe, die Bezahlung der Courtage nur noch Formsache. Zuverlässig und diskret. Und emotionslos. So war er. Und so hatten wir ihn schätzen gelernt.

Es hatte spürbar angezogen. Wir knöpften unsere Mäntel zu, lösten einen weiteren Parkschein und liefen über die Brücke, die die Alb überquerte, zur Hauptstraße. Ein paar Schritte weiter fanden wir ein Café. Köstliche Tortenauswahl. Gemütlicher Tisch am Fenster mit Blick auf den Dom. Jetzt ließen wir's uns erst mal gut gehen. Und begannen, Pläne für die kommenden Wochen zu schmieden. Unsere Freiburger Wohnung verkaufen, das stand als nächstes an. So schnell es ging. Und so teuer wie möglich. Dumm nur, dass gerade jetzt Weihnachten vor der Tür stand.

 Wie fühlt man sich in einem Zuhause, von dem man sich innerlich schon verabschiedet hat? Das über Nacht zu einem Erinnerungsort geworden ist, mit dem sich ein wichtiger Lebensabschnitt verbindet. Vierzehn Jahre, die wir empfunden hatten, als würden wir für immer bleiben. Dieser Ort war auf einmal fast nur noch Vergangenheit und kaum mehr Zukunft. Alles zum letzten Mal. Wie lange es auch dauern würde bis zum Verkauf, jeder Tag fühlte sich nach Trennung an. Und plötzlich sahen wir unsere Wohnung wie mit fremden Augen. Die eigenen vier Wände, in denen Corinna und ich unsere Zweisamkeit neu erlernt hatten. Hier waren Texte zur Kunst geschrieben worden, Briefe, Notizen, hier Kissenbezüge genäht und Pullover gestrickt, Fotos eingeklebt. Hier hatten wir gekocht und gegessen, da gelesen, ferngesehen und Radio gehört, telefoniert. Dort am Boden hatten die Luftmatratzen gelegen. In dieser Ecke hatten sich Reisegepäck und Windelkartons gestapelt, wenn unsere Kinder und Enkelkinder zu Besuch waren. Hier waren wir am Abend zusammen eingeschlafen und am Morgen aufgewacht. Wie sollten wir mit all dem abschließen, wenn wir die Tür ein letztes Mal von außen zugezogen hatten?

Doch befanden wir uns nicht schon längst im nächsten Kapitel? In dem Haus, in dem wir unsere Geschichte weiterschreiben wollten? Und ein Stück weit neu erfinden? Mit all ihren Facetten des täglichen Lebens und festlicher Höhepunkte. Unser neues Heim würde uns ja ganz anders fordern und formen, als es eine Wohnung vermochte. Nun würden wir Handwerker, Verwalter, Gärtner, Gastgeber und Urlauber in einem sein. Je nach Bedarf und Lust und Laune. Wie würden sich Nachbarschaften entwickeln zu Menschen, die im Schwarzwald schon seit eh und je zuhause waren? Nur dreißig Kilometer zwar von Freiburg entfernt, vom Unterland, wie sie hier sagten, aber doch in einer anderen Welt. Wo in den Garagen Schneefräsen standen und der Frühling erst kam, wenn unten schon der nächste Hitzerekord aufgestellt wurde. Wir wussten es nicht. Doch wir waren gespannt darauf, uns selbst neu zu spüren, unsere Fähigkeiten neu zu erproben. Unsere Bereitschaft, uns auf Ungewohntes einzulassen. Unsere Offenheit. Dieses Projekt der Selbstfindung, zu dem sich die Suche nach einem Haus entwickelt hatte, würde mit dem Umzug ja längst nicht beendet sein. Im Gegenteil, es würde jetzt erst richtig beginnen.

Wie alt wir schon waren, welche Zeit uns noch blieb – natürlich war auch das ein Thema. Wir merkten es an den skeptischen Blicken, wenn wir im Bekanntenkreis von unseren Fahrten erzählten. Ein Open-End-Thema sozusagen, wie auch sonst? Doch eines mit abnehmender Relevanz. Zumindest aus unserer Sicht. Und wenn's nur für zehn Jahre ist, dann hat sich's doch gelohnt: Mit diesen Gedanken versuchten wir es abzutun. Und starteten durch. Wir waren ja noch nicht im Ziel. Vom Kauf zum Verkauf. Diesen Schwebezustand wollten wir so schnell wie möglich beenden. Trotz der kommenden Festtage.

AUF EIGENE RECHNUNG

»Verkauft die Wohnung doch selbst. Das ist total leicht. Und lohnt sich. Ich zeig Euch, worauf man bei der Anzeige achten muss.« Von einem Tag auf den anderen hatten wir die Seiten gewechselt. Jetzt waren wir nicht mehr Interessenten, sondern Anbieter. Und hatten alles selbst in der Hand. Ein gutes Gefühl. Zumal sich unsere Wohnung sehen lassen konnte. Wir hatten erst ein paar Jahre zuvor gemeinsam mit den zwölf Miteigentümern das gesamte Haus für rund eine halbe Million saniert. Vom Dach bis zum Keller alles neu. 50.000 Euro hatte unser Anteil betragen. Ein Batzen Geld, aber es hatte sich gelohnt. Das Gebäude besaß nun einen Energiestandard, der dem eines Neubaus annähernd gleichkam.

Der Tipp, die Wohnung auf eigene Rechnung zu verkaufen, war von Wolfgang gekommen, einem Freund von der Freiburger Turnerschaft, wo Corinna und ich uns seit längerem fit hielten. Muckibude, Rückenschule, Hallenbad, Tischtennis – es gab viele Möglichkeiten, etwas für die Gesundheit zu tun. Und Geselligkeit obendrein. Bei einer dieser Gelegenheiten hatte ich von unseren Plänen erzählt. Einige Tage später waren Wolfgang und Angela zu uns gekommen, um sich die Wohnung anzuschauen. Sie waren selbst auf der Suche nach einer neuen Bleibe. Leider entsprach die Wohnung nicht dem, was sie suchten. Schade für uns. Es wäre so einfach gewesen. Doch zum Trost boten sie uns ihre Hilfe an. Wie man die Texte verfasst, welche Fotos man auswählen sollte. Vor allem aber: nichts beschönigen. Es bringe ja nichts, wenn potenzielle Käufer mit falschen Vorstellungen kämen und enttäuscht wieder abzögen. Ihre Preisempfehlung: 369.600 Euro. Das klang uns dann doch zu sehr nach Verkaufspsychologie. Wir rundeten um 600 Euro ab. Am Zweiten Weihnachtsfeiertag stand die Anzeige im Netz. »Vielleicht ist das gerade jetzt ein günstiger Moment«, meinte Wolfgang, »die Leute haben über die Feiertage Zeit«.

Genau so war es. Die E-Mails liefen im Minutentakt ein, nach einem Tag hatten sich so viele Interessenten gemeldet, dass wir eine Auswahl treffen mussten. Fünf waren es schließlich, die wir nacheinander zur Besichtigung einluden. Alles nette Leute, ältere und jüngere Paare mit dem Wunsch, sich zu verkleinern oder zu vergrößern, je nach Lebensperspektive. Offenbar eignete sich unsere Wohnung für beide Blickrichtungen. Manche schauten ungeniert in jede Ecke, manche blieben diskret an unserer Seite. Am Ende waren es noch zwei Paare. Beide in unserem Alter und beide mit Beweggründen für die Veränderung, die uns doch sehr bekannt vorkamen: Haus verkaufen, sich verkleinern, näher zu den Kindern und Enkelkindern ziehen.

Bei uns war es grade umgekehrt. Die Reaktionen, als wir davon erzählten, schwankten zwischen Bewunderung, Staunen und Bedenken. Vor allem Bedenken, das war deutlich zu spüren. Ein merkwürdiger Zwiespalt, der da unausgesprochen für einen Moment im Raum stand. Einerseits ein fürsorgliches Wollen-Sie-sich-das-nicht-doch-noch-einmal-überlegen, andererseits ein eigennütziges Aber-dann-könnten-wir-die-Wohnung-ja-nicht-kaufen. Vermutlich existierte dieser käuferseitige Gewissenskonflikt nur in unserer Vorstellung. Doch dass wir überhaupt auf solche Gedanken kamen, zeigte ja nur, wie überbelichtet wir waren. Zeit, dass die Sache ein Ende nahm. Ein Zurück gab es jedenfalls nicht mehr, wir hatten uns längst entschieden. Und bedauern, da waren wir uns sicher, musste uns dafür nun wirklich niemand.

Den Ausschlag gab eine persönliche Verbindung. Unsere mittlere Tochter war mit dem Sohn der betreffenden Kaufinteressenten in die Schule gegangen. Der Kontakt zu den Eltern war nie ganz abgerissen, wir hatten uns gelegentlich beim Spazierengehen, beim Einkaufen oder bei Veranstaltungen getroffen. Und sie waren es auch gewesen, die uns ein Vierteljahr zuvor geradezu beschworen hatten, das Haus in ihrer Nachbarschaft zu kaufen, um dessen Abriss und einen Neubau zu verhindern, der die schöne Aussicht ins Dreisamtal zu verstellen drohte. Zum Glück hatten wir uns damals nicht überreden lassen. Es wäre ein finanzielles Fiasko geworden. Jetzt hatten wir also wieder miteinander zu tun. Einen Tag nach unserer Zusage klingelte es. Ich war gerade mit dem Abbau der Garderobe beschäftigt, hatte die Schrauben in der falschen Reihenfolge gelöst und war fast unter den Brettern begraben worden. Kein guter Zeitpunkt für Besuch. Corinna öffnete, und da standen sie im Treppenhaus, die glücklichen Käufer, und hatten die ganze Familie mitgebracht. Während die Kinder und Enkelkinder sich neugierig durch die Wohnung drängelten, verabredeten wir die nächsten Schritte. Notartermin, Fälligkeit des Kaufpreises, Wohnungsübergabe. Über den Bretterhaufen sahen die zukünftigen Eigentümer großzügig hinweg.

Der Notartermin. Normalerweise musste man Monate darauf warten. Hatte jedenfalls unser Makler behauptet. War da gar nichts zu machen? Wir überlegten hin und her. Da fiel uns eine junge Familie aus der Nachbarschaft ein, nette Leute, die vor ein paar Jahren im Freiburger Umland ein Haus gebaut hatten und weggezogen waren. War er nicht Notar in Waldkirch gewesen? Wir recherchierten und erfuhren, dass er inzwischen beim Freiburger Notariat gelandet war! Ein kurzer Anruf genügte, es gab zufällig noch eine Lücke im Kalender. Nur vier Wochen nach der Anzeige hatten wir einen Termin, das war rekordverdächtig. Wir fieberten dem Tag entgegen.

Spätvormittag, Freiburg City Fahnenbergplatz. An der Eingangstür des Notariats standen unsere Käufer. Die waren also nicht abgesprungen. Aber etwas anderes wäre um ein Haar dazwischen gekommen. Er war ein paar Tage zuvor abends auf dem romantisch gelegenen Waldsee Schlittschuhlaufen gewesen. Bei flotter Musik und Flutlicht, soweit man die trüben Scheinwerfer als solches bezeichnen konnte. Eine elegante Kurve, ein im Eis festgefrorener Ast, ein Sturz auf das rechte Handgelenk, ein hässliches Knacksen. Gebrochen! Ziemliches Pech. Und ziemlich kompliziert, wie sich bei der Untersuchung in der Uniklinik herausstellte. Am liebsten hätte der behandelnde Arzt gleich operiert. Aber der Notartermin! Die OP musste warten. Man hatte das Gelenk bis hinauf zum Ellenbogen bandagiert und ihn nur widerstrebend gehen lassen. So die Schilderung im Wartebereich auf dem Flur. Ein Held! Eine Tapferkeitsmedaille! Ungläubiges Staunen. Und behutsames Schulterklopfen. So sehr hatten sie unsere Wohnung gewollt, dass für ihn statt Sekt jetzt Schmerztabletten angesagt waren. Wir atmeten tief durch, dankten dem Patienten und dem Himmel – in dieser Reihenfolge – und schritten erleichtert zur Unterzeichnung der Urkunde. Bei ihm dauerte es etwas länger, der Arm musste erst die richtige Position auf der Schreibunterlage finden.

Der von unserem Vereinsfreund genannte Preis, um die verkaufspsychologischen 600 Euro abgerundet, war übrigens von keinem der Interessenten in Frage gestellt worden. Womöglich hätten wir noch deutlich höher gehen können. Doch ein Bieterverfahren war uns nicht in den Sinn gekommen. Wir wollten nach Sympathie entscheiden, nicht nach Geldbeutel. Es war sowieso schon deutlich mehr, als uns im Vorfeld von fachkundiger Seite, mehreren Maklern und der Bank, vorgeschlagen worden war. Unsere Bank: Da mussten wir jetzt noch durch. Wir riefen den zuständigen Immobilienberater an und beichteten ihm, dass wir den Verkauf ohne ihn abgewickelt hatten. Stille, ein vernehmbares Schlucken, um sich dann zu einem leicht gequälten Glückwunsch durchzuringen. Vielleicht aber gab ihm unser Anruf ja doch zu denken, er hatte zu diesem Zeitpunkt gerademal die Fotos für die Anzeige machen wollen. So jedenfalls war sein Zeitplan gewesen, als wir ihn vor Weihnachten auf das mögliche Verkaufsprozedere angesprochen hatten. Nein, so, wie es war, war es gut. Da mussten wir uns keinen Kopf machen. Und gut war auch, dass sich der Kollege von der Kreditabteilung in dieser Sache völlig entspannt gab. Sein Job war es, die weiteren finanziellen Transaktionen für uns zu regeln. Und da waren wir, keine Frage, in guten Händen.

ALLES MUSS RAUS

Die beiden größten Hürden hatten wir genommen. Am Ziel aber waren wir damit noch lange nicht. Im Gegenteil. Nach dem Kauf des Hauses und dem Verkauf der Wohnung ging es Schlag auf Schlag weiter. Mitte März sollte die Übergabe der Wohnung stattfinden, bis dahin mussten die Arbeiten im Haus soweit beendet sein, dass wir einziehen konnten. Zum Glück hatten wir die Angebote für die geplanten Sanierungsmaßnahmen und den Umzug schon im Dezember eingeholt und die Aufträge Anfang Januar vergeben. Jetzt waren die Arbeiten für die verschiedenen Gewerke zu koordinieren, Behördengänge zu erledigen, Versicherungen neu abzuschließen, der mit der Bank vereinbarte Etatrahmen im Auge zu behalten, damit die Kosten nicht aus dem Ruder liefen – alles zur gleichen Zeit.

Und daneben das ganz normale Leben. Es war ja nicht so, dass wir unsere Freiburger Aktivitäten schon aufgegeben hatten. Soweit wie möglich versuchten wir, den gewohnten Alltagsrhythmus beizubehalten. Corinna betreute weiterhin das wöchentliche Info-Café und die Bibliothek in der Wohnanlage, ich war zuständig für die dortigen Vorlesenachmittage. Wir trafen Freunde, trieben unseren Sport, gingen Einkaufen, hatten Arzttermine, waren kulturell unterwegs, machten unsere kleinen abendlichen Spaziergänge. So wie immer. Und hielten unsere Töchter auf dem Laufenden. Familiär eingebunden, wie sie mit ihren Männern und Kindern waren, konnten sie die aktuellen Entwicklungen nur von weitem verfolgen. Wie schön und vor allem beruhigend wäre es gewesen, wenn sie an den Entscheidungen, die anstanden, nicht nur per Telefon, sondern auch vor Ort hätten mitwirken können. So konnten sie uns nur aus der Entfernung beraten und mit Vorschlägen, so gut es ging, unterstützen.

Inzwischen fuhren wir mehrmals wöchentlich hoch nach Neustadt, selbst wenn es nur für eine Stunde war. Irgendetwas gab es immer, das zu klären und abzusprechen war. Und jedes Mal, wenn wir zurück in die Wohnung kamen, schien sie wieder ein Stückchen kleiner geworden zu sein. Die Umzugskartons waren geliefert worden und wollten gefüllt und gestapelt sein. Schmale Gänge bildeten sich, in denen wir kaum mehr aneinander vorbeikamen. Abends saßen wir an einem kleinen Platz am Fenster, den wir frei gelassen hatten, und checkten unsere To-do-Liste. Was stand für den nächsten Tag an? Was hatte noch Zeit? Was durften wir auf keinen Fall versäumen?

Wie ein Berg stand sie vor uns, die Neustädter Entrümpelungsaktion. So hatte einer der Söhne die Räumung des Hauses genannt. Wir hatten uns bereiterklärt, das Ganze zu beaufsichtigen. Entrümpelungsaktion, das klang fast wie Totaloperation. Und so ähnlich war es auch. Was nicht niet- und nagelfest war, wurde hinausgeschafft. Durchs Treppenhaus, über den Küchenausgang und die Terrasse getragen oder vom Balkon aus in den Garten geworfen. Türen und Fenster standen offen, draußen hatte es zehn Grad minus. Nach der im Vorfeld angefertigten Liste hatten wir alles, was die Erben oder wir übernehmen wollten, mit Zetteln gekennzeichnet. Mehrere kostbare Teppiche, die fast neue Waschmaschine, die HiFi-Anlage, die Werkbank und einige persönliche Erinnerungsstücke waren bereits per Spedition auf dem Weg nach Hamburg. Für uns hatten wir einige Dinge ausgewählt, die wir gut gebrauchen konnten und im Sinne der Vorbesitzer in Ehren halten wollten, darunter eine gläserne Wasserkaraffe, eine Salatschüssel und ein kultiges Beistelltischchen. Im Haus verblieben außerdem ein geräumiger Schlafzimmerschrank und ein praktisches Schrankbett im Gästezimmer, Mobiliar, das offensichtlich passgenau für die Räume angefertigt worden war. Schließlich hatten die Erben uns noch den gesamten Inhalt des Gartenhäuschens inklusive Rasenmäher mit Eigenantrieb überlassen. Alles andere ging an den in Neustadt ansässigen gemeinnützigen Secondhand-Laden, der den Wert des noch zu verkaufenden Inventars gegen die angefallenen Arbeitskosten aufrechnete.

Mit einer Mischung aus Erleichterung und Wehmut schauten wir zu, wie sich das Haus allmählich leerte. Wie nach und nach alles entfernt wurde, womit unsere Vorbesitzer sich eingerichtet hatten. Was hätten sie wohl empfunden, als Erich, der keine Schneidezähne mehr besaß und eigentlich Jewgenij hieß, den afrikanischen Speer von der Wand nahm und mit stolzer Miene wie eine Trophäe durch den Schnee zum Umzugswagen trug? Und was hätten sie dazu gesagt, dass die edlen Heizkörperverkleidungen aus messingfarbenem Geflecht abmontiert und in die vor der Garage aufgestellte Mulde geschmissen wurden? Was zum Verkauf der altdeutschen Küchenfronten oder der Lampen aus Kristallglas oder der ledernen Sitzgarnitur oder der Schleiflackmöbel? Die für billig Geld neue Besitzer finden würden. Eine eigenartige Stimmung lag über dem Haus, als die Erinnerungen an eine gerade erst vergangene Zeit Stück für Stück verschwanden.

Nach zwei Tagen war alles vorbei. Tabula rasa. Wir standen in entleerten Räumen, die nur darauf zu warten schienen, neu aufgeladen, neu mit Leben gefüllt zu werden. Noch fünf Wochen, dann sollte es soweit sein. Wenn alles so lief wie geplant. Mit den Handwerkern, den Fensterbauern und Malern, den Installateuren und Elektrikern, die jetzt das Kommando in unserem Haus übernahmen.

KANN MAN MACHEN

Fünf Wochen! Es war ein ambitionierter Zeitplan, den wir da aufgestellt hatten. Doch die Handwerker beruhigten uns. »Passt schon«, eine Zusage, so lapidar wie überzeugend, dass wir keinen Grund sahen, daran zu zweifeln. Zumal wir mit Raimund einen Gewährsmann hatten, der uns Firmen hier vor Ort nennen konnte, mit denen er selbst schon gute Erfahrungen gemacht hatte. Das dringlichste Gewerk waren die Fenster. Schon bei unserem ersten Rundgang durch das Haus war klar gewesen, dass zumindest die zehn Meter lange Balkonfront erneuert werden musste. Die alten Holzrahmen sahen zwar gepflegt aus, waren aber nicht mehr dicht. Außerdem waren in die oberen Leisten Schiebelamellen aus Metall eingelassen, mit denen man die Luftzufuhr regeln konnte. Anfang der 1970er Jahre vermutlich eine besonders hochwertige Ausstattung, war diese Konstruktion als Kältebrücke natürlich längst nicht mehr akzeptabel. Vorsorglich hatten wir uns zwei Angebote machen lassen: eins nur für die Balkonfront und eins für das gesamte Haus. Zu unserer Überraschung lag auch das zweite Angebot im Rahmen unseres Etats, so dass wir die große Lösung wählen konnten. Rundum neue Fenster – ein gutes Gefühl, vor allem hier im Hochschwarzwald, wo die Winter noch Winter waren.

In der ersten Februarwoche ging es los. In Freiburg hatte es über Nacht getaut, oben aber gab es deutliche Minusgrade. Glücklicherweise hatten wir Hausschlüssel an die Handwerker ausgegeben. Unsere Frage, ob sie auch ohne uns anfangen würden, hatten sie mit einem »Kann man machen« quittiert. Wieder so eine knappe Antwort, die wohl höchster Ausdruck von Zustimmung war und wohltuend solide wirkte. »Kann man machen«: Die nächsten Wochen wurde es für Corinna und mich zum geflügelten Wort, das wir zu jeder passenden und unpassenden Gelegenheit gebrauchten.

Die Fensterbauer wollten schon um halb acht loslegen, die Maler nur wenig später – da war es gut, dass sie selbstständig ins Haus kamen und wir uns etwas Zeit lassen konnten. Immerhin würden wir den ganzen Tag auf der Baustelle verbringen. Für den Nachmittag hatten sich zwei Heizungsbaufirmen angesagt, die wir um Angebote gebeten hatten. Danach sollte der Schornsteinfeger zur Feuerstättenschau kommen und am Abend noch kurz der Elektriker. Großkampftag. Mit einem etwas mulmigen Gefühl beendeten wir unser Frühstück und machten uns auf den Weg.

Als wir am Haus ankamen, waren die ersten Fenster bereits ausgebaut und lagen wie Bilder, in denen sich die Wolken spiegelten, vor dem Balkon im Schnee. Die Maler hatten mit dem Ablösen der Tapeten begonnen, die man nicht überstreichen konnte. Farbeimer, Tapeziertische, herumliegendes Werkzeug, ausgerollte Bahnen von grauem Vlies mit bunten Pünktchen – die Arbeiten waren in vollem Gange. Unten im Keller kämpfte der alte Ölbrenner tapfer gegen die Kälte an, die durch die Fensterhöhlen hereinströmte. Ein paar Wochen musste er noch durchhalten, die Gasleitung für die neue Heizung konnte erst nach der Frostperiode gelegt werden. Aus einem Kofferradio tönten SWR4-Hits durchs Haus. »Am schönsten ist es daheim«, die unverwüstlichen Wildecker Herzbuben. Wohl wahr! Obwohl es im Moment nicht danach aussah. Und überhaupt, war »daheim« noch unten oder schon hier oben?

Mitten im schönsten Dreivierteltakt wurden die Herzbuben unterbrochen. Eine aktuelle Meldung zur Verkehrslage: Auf der B31 stand kurz vor Hinterzarten ein Sattelzug in der Kreuzfelsenkurve quer. Da hatte wohl wieder einmal ein Fernfahrer die winterlichen Straßenverhältnisse unterschätzt. Gut, dass wir diese unfallträchtige Stelle schon vorher passiert hatten. Unsere Handwerker schien die Meldung nicht weiter zu beeindrucken,

Herumkurven im Schnee war für sie tägliche Routine. So, wie die Pause, die sie jetzt einlegen mussten. Halb zehn, Vesperzeit. Das hatten sie sich aber auch verdient. Und gab mir die Gelegenheit, eine kleine Entschuldigung loszuwerden. Ich hatte einen der Maler wohl etwas genervt, als ich ihm mit irgendwelchen Fragen und Vorschlägen gekommen war, obwohl wir ja im Vorfeld alles geklärt hatten. Wie das halt so ist, wenn man sich sorgt und auf Nummer sicher gehen will. Ohne groß aufzuschauen, hatte er brummelnd weitergearbeitet. Jetzt also trat ich auf ihn zu, er hatte es sich am Boden bequem gemacht, Rücken gegen die Wand gelehnt und ausgestreckte Beine, die Stulle in der einen, die Thermosflasche in der anderen Hand. »Tut mir leid, wenn ich Sie vorhin bei der Arbeit gestört habe.« Mit einem nachsichtigen Lächeln schaute er zu mir hoch: »Sie haben's ja nur gut gemeint!« Und kaute weiter. Damit hatte sich auch das erledigt. Für mich aber war nun ein für alle Mal klar: Lass sie machen, die Männer, die wissen, wie's geht.

Die Mitarbeiter der beiden Heizungsbaufirmen kamen und nahmen die erforderlichen Daten für ihre Angebote auf. Der Schornsteinfeger gab grünes Licht für den Weiterbetrieb des Kaminofens. Der Elektriker, dem wir bereits den Auftrag erteilt hatten, terminierte mit uns die notwendigen Arbeiten. Zu unserer Überraschung kannte er das Haus bereits in- und auswendig. Schon als Geselle im väterlichen Geschäft hatte er die Leitungen auf den neuesten Stand gebracht. Jetzt mussten, neben den passenden Anschlüssen in der Küche, nur noch die Sicherungskästen ertüchtigt und mit FI-Schaltern versehen werden.

Als wir am Abend die Haustür zuzogen und ins Auto stiegen, hatte sich etwas verändert bei uns. Die Baustelle würde uns keine schlaflosen Nächte mehr bereiten. Die Handwerker verstanden etwas von ihrem Metier, arbeiteten zuverlässig, kamen auf uns zu, wenn eine Entscheidung zu treffen war. Und: Es hatte sich schon an diesem ersten Tag gezeigt, wie gut es war, dass wir Firmen aus Neustadt beauftragt hatten. Man kannte sich untereinander, hatte schon auf verschiedensten Baustellen gemeinsam gearbeitet. Ganz selbstverständlich wurden die nächsten Arbeitsschritte abgesprochen, um sich nicht in die Quere zu kommen. Alles lief wie am Schnürchen. Auch ohne uns.

Noch etwas aber hatte sich verändert. Jetzt begann das Haus tatsächlich, unseres zu werden. Es stellte sich auf uns ein, auf unsere Bedürfnisse, unsere Vorstellungen vom Wohnen. Und das Beste: Es schien sich dabei auch noch wohl zu fühlen. Als wir am Ende dieser ersten Woche hoch kamen, begrüßte es uns mit seinen weißen Fensterrahmen, als hätte es die alten dunkelbraunen nie gegeben. Als wir ein paar Tage später in der Küche eine Zwischenwand entfernten, um mehr Bewegungsfreiheit und Licht zu bekommen, schien es fast hörbar durchzuatmen. Und als schließlich im Wohnbereich das Parkett abgeschliffen und neu versiegelt war, kam es uns vor, als kokettierte es mit seinem neuen seidenmatten Glanz. Vor allem im Treppenraum hatte es sich verwandelt. Ein großes durchgehendes Fenster ersetzte nun die trübe Butzenglaswand und gab den Blick in den Garten frei. Hier, an diesem zentralen Ort, floss nun, schon beim Betreten des Hauses sichtbar, innen und außen zusammen. Natürlich war uns bewusst, dass unsere Empfindungen eine Art Übertragung waren, eine Projektion auf unser neues Zuhause. Doch weit entfernt davon, in esoterischen Bildern zu denken, gefiel es uns, das Haus als lebendigen Organismus zu sehen. Als ein vor Jahrzehnten geschaffenes, wesenhaftes Ding, dass auf uns und unsere Entscheidungen reagierte. Als könnte es unseren Einzug kaum erwarten.

Die fünf Wochen gingen vorüber wie nichts. Die Handwerker hatten Recht behalten, alles war fertig geworden, alle Rädchen hatten perfekt ineinander gegriffen. »Kann man machen.« Drei, vier Mal die Woche waren wir oben gewesen, um nach dem Rechten zu sehen und die Fortschritte zu begutachten. Zuletzt legten wir dann selbst noch Hand an. Lampen aufhängen, neue Türgriffe montieren, Regale aufbauen. Und kehren, saugen, wischen, immer wieder wischen, es wollte schier kein Ende nehmen. So sehr sich auch jeder bemühte, gegen den bis in alle Ecken verteilten fiesen Feinstaub, die Farbreste und die Schuhspuren kämpften wir bis kurz vor dem Einzug an. Es war, als würde es rein gar nichts nützen. Wischen impossible, sozusagen. Doch dann war er da, der Tag, den wir seit unserer ersten Immo-Tour vor eineinhalb Jahren so herbeigesehnt hatten. Der Tag, mit dem es begann, unser neues Leben. Im Hochschwarzwald.

.

VON UNTEN NACH OBEN

Alles war gepackt! Wir konnten kaum glauben, dass wir es geschafft hatten. Wie in einem Tunnel hatten wir uns gefühlt, dessen Ausgang nur langsam näher kam. An einem der letzten Tage vor dem Umzug hatte uns eine E-Mail erreicht: »Wenn Sie mal keine Küche mehr haben, laden wir Sie gerne zum Mittagessen ein. Nach dem Motto: Eine Stunde Pause, gutes Essen und weiter geht's.« Die Nachricht war von den neuen Eigentümern unserer Wohnung gekommen, die sich um unser Wohlergehen sorgten. Offensichtlich konnten sie sich gut in unsere Lage hineinversetzen, sie würden ja selbst bald mit dem Räumen beginnen müssen. Eine willkommene Unterstützung jedenfalls, die wir gerne angenommen hatten, zumal »gutes Essen« eher untertrieben war, es hatte einfach köstlich geschmeckt.

Nun war es endgültig soweit, Abschied zu nehmen. Wir gingen durch die leere Wohnung, überprüften, ob die Umzugsleute auch wirklich nichts vergessen hatten, und schauten ein letztes Mal durch die Fenster mit dem herrlichen Ausblick ins Dreisamtal. Wie wohl hatten wir uns hier viele Jahre gefühlt! Und nicht nur wir. Auch unsere Töchter waren allesamt noch einmal gekommen, hatten zwischen vollgepackten Kartons mit uns am langen Tisch gesessen, waren in den Garten gegangen, hatten Lebewohl gesagt zu dem Ort, von dem sie dachten, dass ihre Eltern hier alt werden würden. Doch jetzt war kein Raum mehr für Sentimentalitäten, es war Zeit, nach vorne zu blicken, nach oben, besser gesagt, wo unser neues Zuhause auf uns wartete. Bevor wir die Wohnungstür von außen zuzogen, schaute Corinna mich an. »Du bist doch nicht etwa traurig?« Sie nahm mich bei den Schultern und schüttelte mich ein bisschen. »Ist schon wieder gut, Du kannst aufhören.« Lachend nahm ich sie in den Arm. Der ganze alte Gefühlsballast, der konnte ruhig hier unten bleiben. Den brauchten wir jetzt nicht mehr. Jetzt war auch für unser Innenleben Neustart angesagt.

Einen Zwischenstopp aber gab es noch. Wir hatten uns für eine Nacht in einem Gasthof einquartiert, nur ein paar Kilometer von Neustadt entfernt. So konnten wir schon am frühen Morgen am Haus sein, noch bevor der vollgeladene LKW ankommen würde. Schniposa am Kachelofen, Tiefschlaf unter Federbetten, Bauernfrühstück in dem noch leeren Wirtsraum, Waldluft wie zum Trinken. Wir fühlten uns bestens präpariert. Als wir zehn Minuten später am Haus ankamen, bog hinter uns auch schon der Umzugswagen um die Ecke. Punktgenau gelandet. Kaum hatten wir die Haustür geöffnet, ging es auch schon los mit dem Reintragen, immer die 20 Stufen von der Straße hoch, um dann, entsprechend den Beschriftungen, alles an der richtigen Stelle abzusetzen. Es türmte sich und türmte sich, die Kartons, die Möbel und der ganze Kleinkram wollten kein Ende nehmen.

Nach acht Stunden war alles im Haus. Noch nicht eingeräumt natürlich, aber immerhin so verteilt, dass wir am folgenden Tag würden anfangen können. Als wir die Umzugsleute mit einem fetten Trinkgeld verabschiedet hatten – wie viele Höhenmeter sie beim Tragen angesammelt hatten, wollten wir lieber nicht wissen –, kam eine alte Dame mit Nordic-Walking-Stöcken und leichten Schritts über die Straße auf mich zu. »Hallo Herr Dr. Ludwig. Das ist aber eine Überraschung.« Das klang, als würden wir uns kennen. »Woher wissen Sie?« Ich war perplex. Wir waren noch nicht mal richtig eingezogen, da wurde ich schon mit Namen begrüßt. »Sie haben meiner Klasse mal im Augustinermuseum ein großes Altargemälde erklärt. Ich glaube, vom Hausbuchmeister.«

Augustinermuseum? Meister des Hausbuchs? Das musste so um die fünfunddreißig Jahre her sein, als ich noch Führungen in der Mittelalterlichen Abteilung gemacht hatte. Was für eine Begrüßung! Und welch nette Nachbarschaft! Wenn das so weiterging, würden wir uns schon bald heimisch fühlen.

Es war klar, dass unser Einzug aufmerksam verfolgt wurde. Immerhin hatte das Haus ein Jahr lang leer gestanden. Nun war man gespannt auf die neuen Bewohner. Und die standen in ihrem neuen Zuhause und staunten, wie alles passte. Wir hatten das Einrichten auf Millimeterpapier simuliert. Corinna war so schlau gewesen, die Papierschnipsel-Möbel nach unserem letzten Umzug vor vierzehn Jahren in einem kleinen Blechdöschen aufzuheben. Viele Abende hatten wir zugebracht, um die Verteilung des Sofas, der Sessel und Tische, der Schränke und Kommoden auszuprobieren. Nun sahen wir, dass tatsächlich alle Stücke, so wie sie nach unseren Anweisungen abgestellt worden waren, ihren Platz gefunden hatten. Als hätten sie nie woanders gestanden.

Es war dunkel geworden. Wir hatten noch angefangen, ein paar Kartons auszupacken und die Reste unserer Essensvorräte vertilgt. Dann war Schluss für heute. Wir zogen unsere Jacken über und traten auf den Balkon. Es war sternenklar. Unter uns lag die Ortsmitte von Neustadt. Der Münsterturm war angestrahlt und leuchtete zu uns hoch. Hinter den Fenstern der Nachbarhäuser brannte Licht. Sobald wie möglich sollten wir ein Einzugsfest geben, um alle kennenzulernen, die um uns herum wohnten. Inklusive der sportlichen alten Lehrerin. Wenn wir uns fertig eingerichtet hatten. Und die Küche funktionierte.

KÜCHENPSYCHOLOGIE

»Kein Problem, können wir übernehmen.« Für den Chef der Umzugsfirma war das tägliche Routine. »Zwei meiner Leute sind gelernte Küchenbauer, die machen das. Nur nicht am Umzugstag, da ist zu viel Betrieb, die brauchen Ruhe bei der Arbeit. Sie wollen doch, dass alles perfekt wird.«

Klar wollten wir das. Und wie praktisch, wenn alles in einer Hand blieb. So mussten wir nicht extra einen Schreiner beauftragen. Wir hatten uns nämlich entschlossen, unsere alte Küche zu behalten. Sie sollte nun zum vierten Mal, den neuen Raumverhältnissen angepasst, aufgebaut werden. Die Schränke und Fronten waren immer noch in einwandfreiem Zustand, nur die Arbeitsplatte, die musste erneuert werden. Fast fünf Meter Länge mit Ausschnitten für den Herd und die Spüle und dann an einem Ende noch über Eck auf Gärung gesägt, das war eine Menge Holz, bzw. Hartfaser und nichts für Hobbyhandwerker. Aber nun würden es ja die Profis von der Umzugsfirma richten.

Corinna hatte die neue Aufteilung der Möbel und der Elektrogeräte minutiös geplant und x-mal auf den Zentimeter genau durchgerechnet. Wir hatten die Maße an die Küchenbauer weitergegeben und die Arbeitsplatte nach deren Vorgaben bei OBI bestellt. Am Umzugstag war alles provisorisch aufgestellt worden, der nächste Tag war für den Einbau vorgesehen.

Manchmal hat man ja so ein unbestimmtes Gefühl dafür, wie sich die Dinge entwickeln. So wie an diesem Tag. Und unser Gefühl war nicht gut. Schon beim Umzug hatte sich der Küchenbauer als Capo produziert, der meinte, seine Kollegen herumkommandieren zu müssen, und selbst nur die dankbaren, nicht aber die anstrengenden Arbeiten übernahm. Das große Wohnzimmerregal aufstellen: ja. Kartons die Stufen hoch schleppen:

nein. Aber gut, er musste sich wohl für seinen Spezialeinsatz am nächsten Tag schonen. Doch auch da wuchs schnell unsere Skepsis. Der zweite Küchenbauer stellte sich als Azubi heraus und wusste nicht so recht, wo und wie er anpacken sollte. Anstatt nun seinen jungen Kollegen an die Hand zu nehmen und gemeinsam loszulegen, zeichnete sich der Ältere durch eine kaum verborgene Lustlosigkeit aus. Als wäre es eine Zumutung, eine Küche aufzubauen, die nicht nigelnagelneu war. Alte Schubladenschränke passgenau zu justieren, zum Beispiel, oder an den Wänden Maß zu nehmen für schon einmal benutzte Regalsysteme: alles nur lästiges Beiwerk.

Jetzt aber kam die Königsdisziplin. Die Arbeitsplatte. Sie lag auf stabilen Holzböcken draußen auf der Küchenterrasse. Als erstes wurden die Abmessungen der Spüle und des Kochfelds übertragen. Der Azubi durfte den Zollstock reichen, der Capo zog die Linien. Dann wurde die Stichsäge angesetzt und los gings. Kreischend fuhr das Blatt durch die vier Zentimeter Hartfaser, immer den Bleistiftstrich lang, geradeaus und um die Ecken. Am Boden bildete sich eine feine Spur aus Sägemehl. Die letzte Kurve, fertig.

»Können Sie mal kommen.« Das war eher eine Aufforderung als eine Frage. »Wir brauchen Sie zum Reintragen.« Okay, wenn er meinte. Ich fasste die Platte an einem Ende, er am anderen, der Azubi in der Mitte. Und da sah ich es. An den Schnittkanten, dort wo das Kochfeld und die Spüle eingepasst werden sollten, war die Beschichtung an mehreren Stellen abgeplatzt. Egal, jetzt kam es erst einmal darauf an, die Platte vorsichtig hineinzutragen und unversehrt auf den Unterschränken abzusetzen. Hoffentlich würden die an den ausgesägten Löchern verbliebenen, nur wenige Zentimeter breiten Randstege die 70 Kilo halten. Was, wenn sie brechen würden? Alles umsonst und ich vielleicht noch Schuld daran? Weil ich nicht richtig angepackt hatte? Ich konnte ihn schon hören, wie er mich anblaffte.

Wir hatten Glück, die Platte hielt. Doch jetzt kam das nächste Problem. Würden die Ränder der Spüle und des Kochfelds die abgeplatzten Stellen überdecken? Mit angehaltenem Atem beobachteten Corinna und ich, wie sich das Kochfeld in den Plattenausschnitt hineinsenkte. Es passte. Jetzt die Spüle. Oh nein! Es knirschte und klemmte, und ausgerechnet an der vorderen rechten Seite, die später beim Abwasch am stärksten beansprucht sein würde, schaute der Hartfaserkern zentimeterbreit unter dem Rand hervor.

Und was tat unser Capo? Er fing an zu schimpfen. Aber wie! Auf das minderwertige Material, auf OBI, auf die schlechten Arbeitsbedingungen hier vor Ort, auf alles und jedes. Als er gnädig anbot, die Platte noch einmal rauszutragen, um den Ausschnitt nachzubessern, hatte ich genug. Jetzt war nicht der Moment für psychologisches Feingefühl. Jetzt half nur noch die Rote Karte. »Wissen Sie was, Sie lassen alles so, wie es ist, und gehen nachhause. Und wir suchen uns jemanden, der sein Handwerk versteht.« Verdutzt über diese klare Ansage schaute er mich kurz an, packte sein Zeug zusammen und machte sich aus dem Staub. Mit einer leisen Entschuldigung folgte ihm sein Azubi. Der konnte einem wirklich leidtun.

Jetzt standen wir da. Keine Küche, kein Essen, kein Schlaf. Hungrig zu Bett gehen, nach so einem Tag, das konnten wir uns nicht vorstellen. Also wieder ins Langenordnachtal. Man kannte uns dort schon, in den letzten Monaten war das Obere Wirtshaus fast so etwas wie unsere gute Stube geworden. Heute allerdings war uns alles andere als behaglich zumute. Den unfähigen Küchenbauer rausschmeißen, das war eine Sache, eine andere, auf die Schnelle einen Ersatz finden. Auf Tage hinaus ohne Küche, Geschirr und Kochutensilien in Kartons verpackt und unbenutzbar, wie sollte das gehen? Zumal wir uns schon die letzten Wochen nur auf Sparflamme ernährt hatten. Die Schnitzel kamen, und Corinna hatte eine Idee. »Wir fragen Raimund. Wenn einer die Platte retten kann, dann er.« Wieder zuhause rief ich ihn an und berichtete, was passiert war. Ob er sich das Ganze wenigstens mal anschauen könne? »Machen wir. Ist das in Ordnung, wenn ich morgen früh vorbeikomme?« In Ordnung? Aber so was von! Erleichtert fielen wir in die Betten. Die zweite Nacht in unserem neuen Haus. Irgendwie würde es werden.

Punkt acht Uhr am nächsten Morgen klingelte es. Raimund, wie immer gut gelaunt und voller Tatendrang. Wir zeigten ihm die beschädigte Platte, und er erklärte uns erst einmal, wie der Schaden entstanden war. Der Capo hatte die Löcher für die Spüle und das Kochfeld von der beschichteten Seite her, also von oben nach unten ausgesägt, wodurch das zurücklaufende Sägeblatt die Schnittkanten ausgefranst hatte. Ein Anfängerfehler, der einem gelernten Küchenbauer nicht hätte unterlaufen dürfen. Mit einem zuversichtlichen Das-kriegen-wir-hin packte Raimund sein Werkzeug aus. Feilte hier etwas ab, veränderte dort die Position ein wenig, kroch in den Unterschrank hinein, prüfte den Sitz der Spüle von unten, feilte erneut, schob hin und her, zog

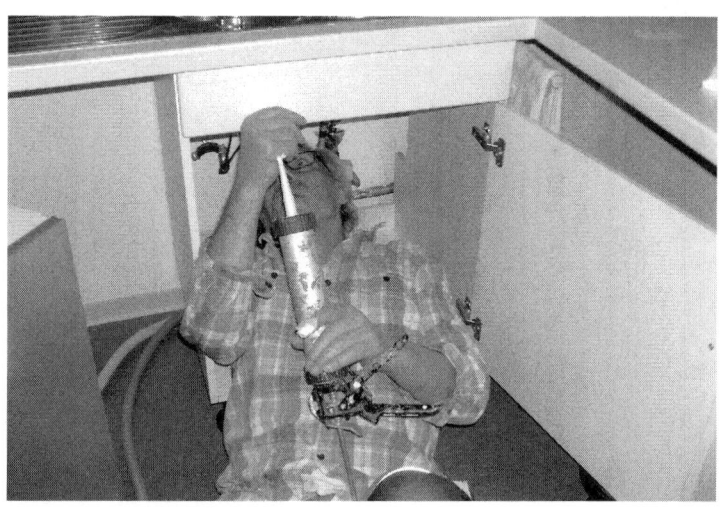

die Fixierungsklemmen an, und auf einmal passte es. Eine Fitzelarbeit, nichts für grobe Hände und nichts für schwache Nerven. Wo er schon dabei war, übernahm er auch gleich den gesamten Küchenaufbau. Er schraubte, bohrte, hämmerte, sägte. Und verwendete alles Kleinmaterial, das wir vorsorglich aufbewahrt hatten. Recycling im besten handwerklichen Sinn. Ich durfte assistieren. Wunderte mich und bewunderte ihn. Was alles möglich war mit Kreativität, Geschick und Geduld! Zwei volle Tage waren wir tätig. Dann stand sie da wie neu, unsere alte Küche, als wäre sie für diesen Platz geschaffen worden.

Auch Raimund war ein bisschen stolz auf sein Werk. Und dass er mir ein paar Kniffe hatte zeigen können. Die extra Kosten für den gelernten Küchenbauer übrigens bekamen wir umstandslos erstattet. Vielleicht waren wir ja nicht die Ersten, die die Notbremse gezogen hatten.

ALLES FÜRS KLIMA

Mit dem Aufbau der Küche hatte der Umzug sein glückliches Ende gefunden. Jetzt ging es ans Auspacken, Sortieren, Verteilen und Einräumen. Ende April stand alles an seinem Platz, waren die letzten Kartons geleert und zu unserer Freiburger Umzugsfirma zurückgebracht. Ein gutes Gefühl, diesen Ballast, mit dem wir seit einem Vierteljahr gelebt hatten, endlich los zu sein. Dass hier oben der Frühling später kam als im Rheintal, war uns gerade recht. So konnte der Garten noch etwas warten, und wir hatten Zeit, uns in unseren neuen vier Wänden zurechtzufinden. Doch nun war der Frost vorüber, und schon rückte der Bagger an. Bis zuletzt hatten wir gebibbert, nicht vor Kälte, sondern aus Angst, der knappe Vorrat an Öl, der sich noch im Tank befand, würde vorzeitig zur Neige gehen. Doch wir hatten Glück, er reichte.

Und Glück hatten wir auch mit der Gasheizung. Dass die Leitung überhaupt in unserer Straße lag, war den direkten Nachbarn zu verdanken, die selbst vorhatten, von Öl auf Gas umzustellen und den Anschluss vorsorglich schon einmal vor ihr Haus hatten legen lassen. Wäre die Entfernung größer gewesen, hätte es sich für den Anbieter nicht gelohnt, die unterirdische Leitung bis zu uns zu verlängern. So aber wurde ein etwa fünfzig Meter langer Graben ausgehoben, der auf unsere Kosten vom Bürgersteig bis zur Garage weitergeführt wurde. Um das Rohr ins Haus und zum Heizungsraum zu legen, musste das Fundament der Garage durchbohrt werden. Ein hartes Stück Arbeit, das die Sicherung mehrfach raushaute, drei Bohreinsätze verschliss und eine halbe Ewigkeit dauerte. Doch auch hier klappte die Abstimmung der Beteiligten untereinander. Schon am nächsten Morgen kam der Heizungstechniker, baute die alte Heizung aus und die neue ein, stieg aufs Dach, um das Abgasrohr im Schornstein zu installieren, schloss die Warmwasserversorgung an, dämmte alle wärmeführenden Leitungen und aktivierte die digitale Steuerung der Gastherme. Umweltfreundlich, komfortabel und smart, so hatten wir uns das gewünscht.

Letzter Akt war die Demontage des Tanks. Ihn vor Ort zu belassen, obwohl er nicht mehr gebraucht wurde, kam für uns nicht in Frage. Was sollte dieses nach Öl riechende Ungetüm noch im Keller? Da nahmen wir die zusätzlichen Kosten doch lieber in Kauf. Zunächst mussten die restlichen 500 Liter in einen Tankwagen gepumpt werden. Doch wohin mit dem Öl? Da fiel uns eine ältere Nachbarin ein, die sich nicht nur um ihre 17 zugelaufenen Katzen kümmerte, sondern auch das leerstehende Haus betreut hatte. Seit unserem Einzug hatte sie uns schon mehrfach mit guten Tipps und Auskünften weitergeholfen. Für sie würde die Abgabe zu einem symbolischen Preis vielleicht eine willkommene Ergänzung ihres Ölvorrats sein, für uns eine Gelegenheit, ihr für ihre Hilfsbereitschaft zu danken. Ein kurzer Anruf, eine überraschte und erfreute Reaktion, und schon fuhr der Tankwagen ein paar Häuser weiter, um seine Fracht wieder loszuwerden.

Nachdem auch der Ölschlamm abgesaugt war, wurde die Stahlwandung mit einer hydraulischen Schere in »handliche« Teile zerschnitten und auf die Ladefläche eines Transporters gewuchtet. Wir konnten kaum mitansehen, wie die Männer mit den 50 Kilo schweren Platten auf dem Rücken die Stufen durch den Vorgarten hinunter zur Straße wankten. Eine Schufterei, gegen die uns das Schleppen der Umzugskartons im Nachhinein fast wie ein Kinderspiel erschien.

Der Einbau der Gastherme bedeutete aber erst einen Teil der notwendigen energetischen Maßnahmen. Auch ohne fachliche Begleitung – für das enge Zeitfenster zwischen Hauskauf und Wohnungsverkauf hatte sich kein Energieberater gefunden – war uns klar gewesen, dass neben dem Austausch der Fenster eine neue Heizung allein nicht ausreichen würde, die Einsparvorga-

ben von 15 Prozent zu erfüllen. So kamen im Sommer noch die Dämmung der oberen Geschossdecke und zwei weitere Veränderungen hinzu, die nicht nur klimatische, sondern auch ästhetische und sicherheitsrelevante Gründe hatten. Im Schlafzimmer und im Wohnbereich neben dem Kamin befanden sich nämlich Holztüren, die zum Balkon und zur Terrasse gingen, keinerlei Kälte- oder Einbruchschutz besaßen und in dem ansonsten so freundlich hellen Ambiente dunkle Raumecken bildeten.

Was Bauen im Bestand bedeutet, erfuhren wir spätestens jetzt, als beide Türrahmen entfernt und die Wandöffnungen den neuen Fenster- bzw. Türelementen angepasst wurden. Trotz Staubschutzwand, am Boden ausgelegter Folien und abgedeckter Möbel fanden sich die Spuren der Arbeiten mit dem Vorschlaghammer, dem Meisel und der Maurerkelle noch in den letzten Ritzen der angrenzenden Bereiche. Hatten wir die Baustelle vor dem Umzug immer nur besuchsweise erlebt, befanden wir uns jetzt mittendrin. Doch alles ging ohne Stress und Probleme vonstatten, und nach einer guten Woche war es erledigt. Dass wir in derselben Zeit noch die alte Haustür einbruchsicher gemacht, die Gegensprechanlage erneuert, die

Dachrinnenheizung ausgetauscht und die Außenbeleuchtung an den vier Hausecken instandgesetzt hatten, fiel kaum ins Gewicht. Das Timing war dank der Zuverlässigkeit der Handwerker perfekt.

Apropos Dachrinnenheizung: Als uns der Elektriker bei der ersten Arbeitsbesprechung darauf hinwies, dass so etwas hier im Hochschwarzwald durchaus üblich und auch unser Haus entsprechend ausgestattet sei, dachten wir zuerst an einen Scherz. Aber nein, das mache Sinn, um zu verhindern, dass der tauende und wieder gefrierende Schnee die Fallrohre aufsprenge und die Dacheindeckung beschädige. Wir staunten. Wieder etwas gelernt und wieder eine überraschende, aber wohl notwendige Mehrausgabe bei der Sanierung. Alles fürs Klima. Und für die Sicherheit. Und die Behaglichkeit. In unserem neuen Zuhause.

IM GARTEN

Auch mit der Pflege des Gartens würden wir etwas für das Klima tun. Zumindest war das ein Aspekt, der angesichts unserer Bedenken, ob wir die 1000 Quadratmeter überhaupt bewältigen könnten, guttat. Und es musste ja nicht jedes Eckchen gesenst, gejätet und gestutzt werden. Vor allem die Sträucher, die anstelle eines Zauns das Grundstück zur Straße und zu den Nachbarhäusern hin begrenzten, sollten wieder freie Bahn bekommen. Bisher hatte man ihnen im Herbst immer einen sauberen Formschnitt verpasst, schön ordentlich, wie sich das vielleicht für Hecken gehört, aber eben nicht für Sträucher. Jasmin, Holunder, Sommerflieder, Forsythie: Sie alle trieben im Frühjahr wieder tapfer aus, aber es nutzte nichts, zur Blüte reichte es nicht mehr. Erst im Jahr darauf, nachdem sie zum ersten Mal nicht gestutzt worden waren, überraschten sie uns und unsere direkten Nachbarn, Uli und Markus, mit denen wir uns bald angefreundet hatten, mit ihrer frischen Farbenpracht. »Wie kommt das, dass bei euch die Sträucher so schön blühen?« Naja, halt wachsen lassen. Aber so einfach war es nun auch wieder nicht. Man musste schon wissen, wie und wo man im Herbst die Schere ansetzte. Auf jeden Fall nicht all over.

Die Hanglage des Gartens mit ihren terrassierten Flächen hatte uns schon beim ersten Besuch gefallen, der alte Baumbestand, die gelben Fingersträucher an den Stufen hoch zum Hauseingang, das Rosenbeet entlang des Wegs zur Gartenhütte – alles sollte so bleiben. Im Prinzip. Denn klar, wir wollten auch eigene Akzente setzen. Und zwar als Erstes mit Pflanzen, die in Freiburg auf uns warteten. Wir hatten nämlich verschiedene Rosenstöcke, Hortensien und andere Sträucher sowie ein Apfelbäumchen in dem Beet vor unserer alten Wohnung, das uns von der Hausgemeinschaft zugestanden worden war, zurücklassen müssen. Zum Umsetzen war es beim Umzug zu kalt gewesen. So fuhren wir noch einmal nach unten, um sie zu holen. Es war ein merkwürdiges Gefühl, wie wir da mit Hacke und Spaten bewaffnet vor dem Beet standen. Wie oft hatten wir es im Sommer bewässert, erst mit der Gießkanne, dann mit dem Schlauch, für den ich im Bad eigens einen zweiten Hahn am Waschmaschinenanschluss montiert hatte. Dort saß ich dann, während Corinna draußen am Spritzen war, eine halbe Stunde und länger, um sofort abstellen zu können, falls das Gewinde sich lösen und das Wasser die Wohnung fluten würde. Als Heimwerker wollte ich da doch lieber auf Nummer sicher gehen. Das hatte jetzt ein Ende. In unserem neuen Garten gab es Wasseranschlüsse dort, wo man sie brauchte.

Drei Stunden harte Arbeit bei hochsommerlichen Temperaturen, dann lag alles eingepackt im Auto und wartete auf den Abtransport. Mit unseren Nachfolgern hatten wir die Aktion vorher abgesprochen, sie waren für ein paar Tage verreist, was uns ganz recht war. Auch sonst ließ sich keiner der ehemaligen Mitbewohner blicken. Als wir abfuhren, spürten wir, wie weit wir uns innerlich schon von unserem alten Zuhause entfernt hatten. Es war erst ein Vierteljahr her, doch es schien uns wie eine Ewigkeit, dass wir hier ein und aus gegangen waren.

Ein anderes Ziel war näher und ungleich erfreulicher. Der Raiffeisen-Markt, die ZG, wie sie hier oben sagten, am Ortsrand von Neustadt gelegen, wurde ab sofort zu unserer Lieblingsadresse. Pflanz-, Rasen-, Geranien- oder Aussaaterde, Dünger, Blumen- und Wiesensamen, so nützliche Dinge wie Arbeitshandschuhe, Strohhüte, Sensen, Erdbohrer und Vorschlaghammer für die Erneuerung der Zaunpfosten, jede Menge Kleingeräte wie Schaufeln, Astscheren und Schlauchspritzen und natürlich Blumenstöcke in allen Größen und Farbvariationen – wir kamen uns vor wie in einem landwirtschaftlichen Schlaraffenland. Doch auch Grundnahrungsmittel wie Mehl, Eier und Kartoffeln, die die Zentralgenossenschaft mit den angeschlossenen Bauernhöfen aus der Umgebung bereithielt, fanden ihren Weg in unseren Einkaufswagen, und an dem reichhaltigen Weinsortiment der Badischen Winzer kam ich kaum vorbei, ohne wenigstens eine Flasche mitgehen zu lassen – gegen Bezahlung, natürlich. Es war, als entdeckten wir eine neue Welt. Eine Welt der Pick-ups und Anhängerkupplungen, der Motorsägen und Schneefräsen, der Schwielen an den Händen, der entschleunigten Bewegungen, der Blicke zum Himmel, ob es vielleicht regnen würde, der Steine im Boden, der schlagkräftigen Tipps. »Das ist der Gneis«, erklärte uns unser Nachbar von der anderen Straßenseite, »da braucht man zum Einpflanzen schon einen Pickel.«

Wie gut, dass unsere Gartenhütte so üppig bestückt war. Natürlich gab es da auch einen Pickel, der schwer und vertrauenerweckend in der Hand lag. Mit dem waren schon viele Löcher geschlagen worden, das konnte man ihm ansehen. Und auch uns leistete er gute Dienste. Im Laufe des ersten Sommers hielten mit seiner Hilfe Ginster, Heidekraut, ein Ahorn, eine Birke, eine Trauerweide und jede Menge weiterer Sträucher Einzug in unseren Garten. Bald schon hatten wir eine gewisse Routine beim Arbeiten am Hang. Ich schlug mit dem Pickel zu, so tief es ging, Corinna grub mit dem Spaten hinterher und sammelte die losen Brocken aus der Erde, mit denen sie neben den Stufen zum Bürgersteig hinunter einen kleinen Steingarten aus Polstern, Lavendel und Bodendeckern anlegte. Eine Art botanische Miniatur zu unseren Füßen, die hoch über unseren Köpfen in einer riesigen Fichte ihr monumentales Gegenstück hatte. Das Haus um ein Mehrfaches überragend, war das Prachtexemplar schon von weitem zu sehen. Doch leider wuchs der Stamm nicht kerzengrade in den Himmel, sondern neigte sich bedenklich Richtung Tal. Offensichtlich hatte einer der letzten Stürme dem Baum einen so heftigen Schlag versetzt, dass sein flaches Wurzelwerk,

so war zu befürchten, die Balance nur noch mit Mühe hielt. Hier war, keine Frage, höchste Eile geboten.

Ein paar Tage später schon kam der Baumkletterer, auf Problemfällungen spezialisiert, schnallte sich Steigeisen unter die Sohlen, seilte sich an und begann, von unten nach oben Ast für Ast abzusägen, bis er drei Meter unterhalb der Spitze angelangt war. Ein letzter kreischender Schnitt, die Spitze knickte und brach zur Seite weg und fiel, derweil der Baumkletterer sich wie ein Affe in schwindelnder Höhe an den schwankenden Stamm klammerte. Beim Abstieg wurde der nun astlose Baum Meter für Meter gekürzt, bis nur noch der Stumpf am Boden übrigblieb. Eine Aktion, kaum länger als eine Stunde, spektakulär nicht nur für uns, sondern auch für die gesamte Nachbarschaft, die sich in gebührendem Abstand zusammengefunden hatte und die waghalsige Kletterpartie bewunderte.

Im Laufe des Sommers mussten wir noch weitere drei Fichten fällen lassen. Sie standen eng beieinander in exponierter Lage oberhalb des Hauses, wir nannten sie die drei Grazien. Doch all ihre Schönheit half nichts, auch sie mussten weichen, ein Wunder, dass die Herbststürme sie noch nicht geknickt hatten. Da der Baumkletterer ausgebucht war, besorgte das ein riesiger Kran, der mit seiner Reichweite von 30 Metern von der Straße aus die Bäume hoch durch die Luft zu dem Transporter hievte. Es sah aus, als würden sie fliegen. Auch diesmal wieder versammelten sich die Anwohner und standen mit in den Nacken gelegten Köpfen und offenen Mündern und staunten über das Schauspiel, das sich ihnen bot.

An einem warmen Spätsommernachmittag luden wir sie alle zu uns in den Garten ein. Eine bunte Mischung von Leuten, die sich, wie wir überrascht feststellten, selbst größtenteils nur von der Straße her kannten und nun in fröhlicher Runde auf unserer Terrasse beisammen saßen. Der Friseurmeister, der seinen Salon schon längst an die Tochter übergeben, aber immer noch alte Stammkunden hatte, die ihn mit dem Auto zuhause abholten und in das Geschäft kutschierten, um sich von ihm die Haare schneiden zu lassen. Die auf einem Bauernhof großgewordene Rettungssanitäterin, die zwei kleine Kinder hatte und sich schon darauf freute, vielleicht bald wieder im Einsatz sein zu können. Ihr Mann, Kriminalbeamter in Freiburg im Schichtdienst, der manchmal erst tief in der Nacht heimkam und ganz leise die Autotür zudrückte. Der Logistikingenieur einer Brauerei, der kein Bier, sondern lieber Wein trank. Seine Frau, IT-Koordinatorin im selben Betrieb, die sich sonntags gerne mit ihren Sportsfreunden zum Rudern auf dem Titisee traf. Der Banker, der im dunklen Anzug von der Arbeit kam und sich unverzüglich in seinen Blaumann warf, um im Garten nach dem Rechten zu sehen. Der Schreiner, der nach Feierabend für die Sanierung des Elternhauses eine zweite Schicht einlegte. Die Bücherfreundin, die sich ständig neuen Lesestoff aus der Bibliothek besorgte und zum Schmökern ganze Nachmittage in der Sonne auf dem Stellplatz vor ihrer Wohnung verbringen konnte. Der Jurist, der auf dem

Weg von seiner Kanzlei nachhause gerne die steile Abkürzung an unserem Haus vorbei nach oben nahm und noch genügend Luft hatte, uns zu grüßen. Der rüstige Kölner, vor Jahrzehnten schon PC-Pionier in der hiesigen Papierfabrik, der sein Herz als junger Mann an eine Neustädterin verloren, seinen rheinischen Dialekt in die Schwarzwälder Ehe eingebracht und bis heute mit fröhlicher Selbstverständlichkeit beibehalten hatte. Und natürlich die sportliche alte Dame, die einst mit ihrer Klasse bei mir im Museum gewesen war und mich nun zum Tischtennismatch in ihrem Garten herausforderte.

Unsere neuen Nachbarn! Wie spannend war es, zu erfahren, was sie machten, wo sie herkamen, wie lange sie schon hier wohnten. Sie alle hatten die Vorbesitzer unseres Hauses gekannt, manche waren bei ihnen zu Besuch gewesen und wussten von hier zu erzählen.

Eine extra Einladung gab es für das jüngste Paar von nebenan, der erste Termin hatte nicht gepasst. Katharina und Christopher. Sie kam aus dem Odenwald, er aus der Nähe von Aschaffenburg, das Studium hatte beide nach Freiburg verschlagen. Hier oben waren sie dann beruflich gelandet. Ihr hessisches Idiom war unverkennbar und weckte bei uns als im Rhein-Main-Gebiet Aufgewachsene heimatliche Gefühle. Und bei mir Kindheitserinnerungen. Odenwald? Das machte mich hellhörig. »Ich hab in Mümling-Grumbach Verwandte mit einem Getränkevertrieb und eigener Mosterei.« Meine Eltern waren mit uns Kindern manchmal zu Sonntagnachmittagsbesuchen dort gewesen.

»Nee jetzt! Mümling-Grumbach, unser Nachbardorf? Da haben wir früher immer unsere Äpfel hin gebracht.« Katharina war ebenso überrascht wie ich. Als sich dann noch herausstellte, dass sie Fan von Eintracht Frankfurt war, meines Lieblingsvereins seit frühester Jugend, gab es natürlich jede Menge Gesprächsstoff. So erfuhren wir auch von ihrer zweiten Leidenschaft, die sie mit ihrer Fußballbegeisterung geradezu idealtypisch verbinden konnte. Sie liebte es nämlich, neben ihrem Lehrerjob als Zugbegleiterin an Wochenenden oder in den Ferien durch Deutschland zu fahren. Je weiter, desto besser. Und vorzugshalber in Städte, wo unsere Eintracht gerade ein Auswärtsspiel hatte. Ihr Einsatzleiter wusste Bescheid und teilte ihr, wo immer möglich, die entsprechenden Strecken zu. Derweil ihr Mann den SC Freiburg im heimischen Stadion anfeuerte. Als freizeitliche Arbeitsteilung sozusagen.

Unser Garten, er wurde nicht nur zu einem weiten Betätigungsfeld, sondern auch zu einem natürlichen Begegnungsort, den wir täglich nutzten, wenn auch nur mal für einen Gruß oder für einen kurzen Austausch von Zaun zu Zaun und über die Straße hinweg. Von wegen von Zaun zu Zaun: Mit unseren neuen Freunden, Uli und Markus, hatten wir abgemacht, zwischen unseren Grundstücken auf selbigen zu verzichten. Ein paar in lockerem Abstand wachsende Sträucher reichten als Grundstücksmarkierung völlig aus und hatten den Vorteil, dass wir uns

jederzeit besuchen konnten, um uns mit einer Kleinigkeit auszu-
helfen oder einfach nur ein Schwätzchen zu halten. Auch unser
Briefträger wusste diese vegetabile Durchlässigkeit zu schätzen.
Statt von einem Haus zum andern die Stufen an der Böschung
rauf und runter und wieder rauf springen zu müssen, nutzte er
die Abkürzung und dankte uns für die Zeitersparnis mit guter
Laune und zuverlässiger Zustellung, was und wie schwer es
auch immer war.

 Die Menschen hier oben im Schwarzwald, die Natur, die Jahreszeiten, wir lernten sie immer besser kennen. Wenn wir morgens aufwachten, die munteren Stimmen der Kinder hörten, die an unserem Haus vorbei zur Schule liefen, wenn am gegenüberliegenden Berg noch der Nebel in den Tannen hing und vor dem neuen Treppenhausfenster die Hortensien blühten, dann war uns, als gehörten wir seit jeher dazu. Als wäre es nie anders gewesen. Dann schien unser Leben in der Enge der Stadt, schien Freiburg weit weg zu sein. Und zugleich war es doch ganz nah. Die Höllentalbahn verkehrte nach einer umfassenden Sanierung nun im Halbstundentakt. So konnten wir uns, wenn wir Lust und Laune hatten, kurzerhand in den Zug setzen, hinunterfahren, durch die Gassen bummeln, das morgendliche Gedränge auf dem Münstermarkt bestaunen, ein paar Besorgungen machen, für die es in Neustadt keine Geschäfte gab.

Manchmal liefen uns alte Bekannte über den Weg, die unseren Umzug nicht mitbekommen hatten und sich über unsere Entscheidung, das schöne Freiburg zu verlassen, wunderten. Nach solchen Begegnungen fühlten wir uns wie in einem Übergangsstadium. Noch vertraut, doch auch schon fremd geworden. Von innen und zur gleichen Zeit von außen, so erlebten wir dann unsere alte Heimat. Und irgendwann waren wir soweit, diesen Schwebezustand, dieses Dazwischengefühl zu akzeptieren. Ja, mehr noch als das: War es nicht ein Privileg, beide Perspektiven zu haben, den Blick zurück und den nach vorn? Ermöglichte diese Spannweite der Wahrnehmung und der Empfindungen nicht eine ganz neue, vielfältigere Sicht auf unser Leben? Auf jeden Tag, den wir hier oben in unserem neuen Zuhause verbrachten? Wie ein Kapital für die Zukunft erschien uns diese Erfahrung auf einmal, wie ein unerwartetes Vermögen, das wir hinzugewonnen hatten.

Gerade eben fiel mir wieder eine kleine Geschichte in die Hand, die ich für Corinna zu unserem letzten Weihnachtsfest in Freiburg vor nun bald drei Jahren geschrieben hatte. Wir hatten gerade erst den Kaufvertrag unterzeichnet und waren gespannt auf das neue Jahr. Ein wenig bange war uns schon auch dabei, es würde sich ja alles verändern. Vor allem aber war es Vorfreude, die wir empfanden. Endlich hatten wir gefunden, wonach wir suchten. Ein Haus, von dem wir schon nach der ersten Begegnung wussten, dass es das richtige war. Unsere Schwarzwaldvilla. Diesen Titel hatte ich der Geschichte gegeben. Ein Tag im Gebirge Ende März. So hatte ich es mir ein Vierteljahr vor unserem Umzug für uns beide ausgemalt. Bunt, bewegt und erfüllend. Und ziemlich euphorisch. Wie sollte es auch anders sein, wenn man sich verliebt hat? Mit diesem Rückblick, der damals ja ein Ausblick war, soll mein Bericht von den schönen Landschaften, den besonderen Menschen und den dreiunddreißig Häusern enden.

UNSERE SCHWARZWALDVILLA

Draußen zwitschern die Vögel. Durch den Vorhang dringt das erste Morgenlicht. Ich drehe mich zu dir um und sehe, dass du noch schläfst. Die Balkontür zu meinen Füßen steht offen. Ich strecke mich und atme tief die kühle Luft ein. Wenn ich den Kopf etwas anhebe, kann ich die hohe Tanne sehen, die unterhalb des Gartenhäuschens steht. Und die Sonnenstrahlen, die grade über den Bergrücken kommen und auf die Zweige treffen mit ihren hellgrünen Spitzen. Leuchtfarbengrün. Harzduft. Handschmeichelzart. Ende März im Hochschwarzwald.

Meine Gedanken gehen zurück zu den letzten Wochen hier in unserem neuen Haus. Auf über 800 Meter. Der Umzugswagen, hinter dem wir herfuhren, musste vorsichtig durch die Serpentinen kurven, die Freiburg von Neustadt trennen. Vorbei an Himmelreich, unterm Hirschsprung durch, das Höllental hoch, die Ravennabrücke links liegen lassend, um schließlich oben auf der Höhe anzukommen. Hinterzarten und Titisee, unsere zukünftigen Nachbarn, lagen postkartenidyllisch noch im Frühjahrsschnee versunken, während vor und hinter uns der Fernverkehr Richtung Bodensee als lange Lastenkarawane durch die Landschaft zog. Als wir unsere Straße erreichten, war es fast ein bisschen wie heimkommen, so oft waren wir schon im Haus gewesen. Hatten den Handwerkern beim Einbau der neuen Fenster zugeschaut, beim Abschleifen des alten Parketts, beim Tapetenerneuern und den Malerarbeiten. Und hatten selbst die Wand entfernt, um mehr Platz zu bekommen für die Küche und den alten Bauerntisch, der so viele Jahre in dem Freiburger Wasch- und Trockenraum gestanden hatte. Unter einer Wachstuchdecke verborgen, missbraucht als Abstellmöglichkeit für Wäschekörbe und Weichspülerflaschen unserer Mitbewohner. So hatten wir das jedes Mal empfunden, wenn wir im Keller waren und ihn da stehen sahen, als stille Klage: Holt mich hier raus! Gestern haben wir die letzten Kartons ausgepackt und die Bücher, das Geschirr und den ganzen Kleinkram verteilt. Der Bauerntisch steht nun direkt am Fenster und ist unser Frühstücksplatz. Von hier aus können wir in den Garten schauen, es ist hell und freundlich. Zeitung lesen ohne Lampe. So, wie du es dir immer gewünscht hast.

Ich stehe leise auf, gehe kurz ins Bad mit den süßen, altmodischen Fliesen, eindeutige Nummer zwei im Retro-Ranking und nur durch das kunstvoll geschmiedete Treppengeländer getoppt. Dann schnell den Kiesweg runter zum Bäcker, der sich steigender Beliebtheit erfreut, seitdem direkt nebenan ein Supermarkt eröffnet hat. Als hätte sich eine Bürgerinitiative zum Erhalt frisch gebackener Vesperweckle gebildet. Zehn Minuten später bin ich wieder oben, brühe den Kaffee auf, stelle den Milchschäumer an und decke den Tisch. Und da bist du auch schon, gibst mir einen ausgeschlafenen Kuss, trittst an die Terrassentür und bewunderst die Sträucher mit ihren frischen Trieben.

Jetzt erst sind wir uns ganz sicher, was da wächst. Im letzten Herbst, als wir zum ersten Mal hier oben waren, war alles in Form geschnitten, so ein richtiger Winterschnitt, kurz und kahl, dass wir kaum erahnen konnten, was uns im Frühjahr erwarten würde. Schon die letzten Tage habe ich bemerkt, wie dein Blick zwischen den Kartons immer wieder zum Garten ging, den du in Freiburg so vermisst hast. Hier kannst du nun schalten und walten, wie du willst. Ein paradiesischer Zustand, das ist dieser Garten. Ein Zustand viel mehr als nur eine Grünfläche. Ein Raum für Vorstellungen davon, was um uns herum gedeihen soll. Gedankenfreiheit und Tatendrang.

Nach dem Frühstück wollen wir uns aber erst einmal bewegen, direkt von der Haustür aus loslaufen, in die Wiesen hinein, den Weg bergab bis zur Wassertretstelle, deren blaues Becken noch leer *ist, dann den sanften Anstieg hinauf bis zum Waldrand. Gegenüber die Hochfirstschanze ist noch schneebedeckt. Vor wenigen Wochen erst gab es ein Skispringen. Mit dem Fernglas konnten wir vom Balkon aus beobachten, wie sie ins Tal flogen, die jungen Adler, mit V-förmig gespreizten Skiern und angelegten Armen.*

Auf dem Rückweg geht uns durch den Kopf, was wir seit Weihnachten alles erlebt haben. Seit dem Notartermin in Sankt Blasien und der Abgabe des unterschriebenen Kreditformulars bei der Bank mit dem Kostenvoranschlag für die neuen Fenster als erster und teuerster Investition. Als alles so richtig und unumkehrbar ins Rollen kam. Die vielen Zeichen, die wir gesucht und gefunden hatten. Zuletzt die zwei Adventskalender, die am Tag des Notartermins beide ein Haus zeigten. Und der dritte, den wir aufgehängt hatten, einen Bücherstapel. Das ist das Grundbuch, meintest du. Nicht, dass wir abergläubisch wären, aber ganz bedeutungslos fanden wir diese Zeichen nicht. Sie erschienen uns wie vorweihnachtliche Wegweiser.

Wir schließen die Haustür auf, steigen die geschwungene Freitreppe hoch und setzen uns ein zweites Mal an den Küchentisch. Nur noch eine Ovo zum Durststillen und Kräftesammeln. Dann trennen sich unsere Wege. Du gehst in den Garten, um das Tannenreisig von den Pflanzen wegzunehmen, sie brauchen jetzt Luft und Sonne. Und schon mal zu schauen, wo wir das Gestell für die Ramblerrose platzieren können, die wir von unten mitgenommen haben. Ich bleibe im Haus und verschwinde in meinem »Studio«, packe endlich wieder die Gitarre aus und spiele die alten Lieder, die ich seit 50 Jahren spiele und die mir immer noch gefallen. Und denke mir neue aus, ohne dass du sie gleich hören musst. Ich kann sie jetzt probieren, so lange ich will und bis sie passen, die Harmonien zwischen Melodie und Text.

Allmählich kriege ich Hunger. Da kommst du auch schon vom Gartenhüttchen her an meinem offenstehenden Fenster vorbei. Du bleibst stehen und beugst dich zu mir herein. Wie wärs mit einer Suppe im Oberen Wirtshaus? Was für eine Frage! Wir sind ja fast schon Stammgäste im Langenordnachtal. Kaum zehn Minuten später sind wir dort und werden gleich mit einem »Seid ihr etwa schon hungrig?« begrüßt, die Bedienung, mehr Gastgeberin als Angestellte, nimmt auch heute kein Blatt vor den Mund. Immer direkt und immer herzlich. Stellt einfach zwei große Teller vor uns auf den Tisch. Würzige Brühe, jede Menge Nudeln und Rindfleischstücke und natürlich Schnittlauch. Die Mittagssonne scheint durch die kleinen Fenster, wir sind früh dran, der Gastraum ist noch leer. Anna, so heißt sie, staunt immer noch ein bisschen darüber, dass wir es tatsächlich wahr gemacht haben, unser Vorhaben, in den Hochschwarzwald zu ziehen. Für sie ist das nichts Besonderes, sie ist von hier, kennt sich hier aus und weiß, wie der Winter sein kann. Kalt, lang und schneereich. Von ihr haben wir gehört, welches der kürzeste Weg nach Freiburg ist, wo ihr Mann bei der Paketpost gearbeitet hat. Jeden Tag hat er ihn genommen, morgens ganz früh, wenn es noch dunkel war, den Spirzen, diese steile Rennstrecke vom Turner aus direkt ins Unterland. Wo man so oft von der klaren Nachtluft hinab in den Nebel taucht, wenn die Inversionslage den Breisgau nicht aus ihren klammen Fingern lässt. Inzwischen gehören wir fast schon ein bisschen dazu, zu den Alteingesessenen. Den »Wäldern«, wie sie sich nennen. Die sich erst gewundert haben, jetzt aber zu würdigen wissen, dass wir das schöne Freiburg mit seinem Münster, den Bächle, den exquisiten Geschäften in den romantischen Gassen, dem milden Klima eingetauscht haben gegen ein Leben hier oben. Sie verstehen es wohl als Kompliment, als Kompliment für ihre Heimat. Und so meinen wir das ja auch. Heute Nachmittag gehen wir zu Uschi und Raimund zum Kaffeetrinken. Die beiden waren unsere wichtigsten Helfer in den letzten Wochen. Mit guten Tipps, Handanlegen bis hin zur Schwerstarbeit in der Küche und Aufmunterungen, wann immer wir sie brauchten. Denn manchmal war es schon hart, den Umzug ohne

Familienunterstützung bewältigen zu müssen, ohne unsere Töchter und Schwiegersöhne, die mit ihren Berufen und den kleinen Kindern voll ausgelastet waren. Doch sie verlockte uns einfach, die Idee, uns noch einmal zu verändern, zu vergrößern. In unserem Alter, wo manche schon ans Betreute Wohnen denken, alles noch einmal anders zu machen, passender für uns und unsere Großfamilie. Als würden wir in See stechen, so fühlten wir uns, nur eben ins Gebirge, mit allem Hab und Gut und mit unseren Sehnsüchten und Fähigkeiten, mit dem Willen, etwas Neues auf die Beine zu stellen. Manche unserer Freunde verstanden uns und hätten es gerne genauso gemacht, andere äußerten Bedenken und Zweifel. Von denen wir ja ebenso geplagt waren in schlaflosen Nächten. Aber dann, morgens, machten wir uns Mut, es einfach zu wagen. Wenn es schief geht, verkaufen wir das Haus eben wieder! Genau, das war es, womit wir uns gegenseitig aufmunterten. Und: Was ist schon ein Umzug mit 60, 70, wo in der ganzen Welt Menschen unterwegs sind, unfreiwillig, in eine unbekannte Zukunft, in fremde Länder, deren Sprache sie nicht sprechen? So trösteten wir uns. Und so bestärkten uns auch deine Exen, dein altes Neustädter Kolleginnenkapital vom Buchladen, von dem wir nie gedacht hatten, dass es einmal wichtig für uns sein würde. Jetzt sind sie alle da, hier oben, und freuen sich mit uns. Unsere Töchter freuen sich auch. Sie haben sich untereinander abgesprochen für die ersten Besuche. Wie in einer Ferienpension, die nächsten Wochen sind schon ausgebucht.

Inzwischen ist es Abend geworden. Uschi und Raimund haben uns von ihrer Initiative für den kleinen Teich vor ihrem Haus erzählt, der endlich, nach langen Kämpfen, durch die Stadt wieder hergerichtet wurde. Der Eisweiher. Er ist auch von uns nicht weit, im Winter kann man dort Schlittschuhlaufen. Und wir haben über sonstige Möglichkeiten gesprochen, sich für die Gemeinde zu engagieren. Wir beide hätten Lust, zur Verschönerung der Innenstadt einen Kreis von Interessierten ins Leben zu rufen. Die kleinen Plätze, die Treppen, die versteckten Winkel, da müsste doch was zu machen sein.

Diese Gedanken beschäftigen uns noch lange in die Nacht hinein. Erst vor dem Kamin, den ich angefeuert habe. Die an der Hausrückseite gelagerten Birkenholzscheite knistern und riechen wunderbar. Schweigend schauen wir in die Glut. Hängen unseren Träumen nach. Finnland-Feeling im Hochschwarzwald. Und dann setzen wir uns noch mit einem Glas Rotwein auf den Balkon. Wickeln uns in Decken ein. Die Mondsichel über dem Hochfirst, ein Käuzchen, das von den Tannen zu uns herüberruft, die Lichter der unter uns liegenden Stadt – Romantik pur, fast wie in einem schlechten Liebesfilm. Zum Glück sind da noch, wie fernes Meeresrauschen, die Motoren der Laster zu hören, die durch die Nacht fahren. Bundesstraße 31. Fernwehstrecke. München, Wien, Budapest. Oder in die andere Richtung, über Freiburg durchs Champagnerland, auf der Francilienne, unserer alten Freundin aus Asphalt, an Paris vorbei und bis zur Küste. Die Bretagne, so unerreichbar scheint sie von hier oben gar nicht. Einfach immer nur nach Westen, gleich hinterm Horizont und noch ein Stückchen weiter. Vielleicht machen wir uns ja bald auf den Weg. Diesmal aber mit leichtem Gepäck. Und Retoure inklusive: wieder heim in unsere Schwarzwaldvilla. Wir beide zusammen, für wie lange auch immer.